R 2234
 — 4.

11317

LETTRES

INTÉRESSANTES.

LETTRES
INTÉRESSANTES,
PHILOSOPHIQUES
ET
CRITIQUES,

SUR LE PETIT NOMBRE DE connoiffances que l'homme peut acquérir par le fecours de fa raifon, écrites à Madame de ***.

Par Mr. le Marquis de C.....de Ci..

Ornari res ipfa negat contenta doceri .....

A AMSTERDAM.

Chez PIERRE MORTIER, Imprimeur-Libraire, fur le Dam.

M. DCC. LIII.

Est modus in rebus, sunt certi denique fines, quos ultra citràque nequit consistere rectum... *Horat*...

Il y a dans chaque chose, un point qu'il faut saisir, au-delà & en-deça duquel la vérité ne sçauroit se trouver.

AVERTISSEMENT.

LES intentions, de l'Auteur de ces Lettres, ſont pures. Il n'a jamais voulu rien dire, qui pût avoir rapport à la Religion ni au gouvernement, qui ſont deux choſes qui ſeront toujours trés-reſpectables pour lui : mais, comme quelques perſonnes mal intentionnées pourroient donner ſous ce même Titre de Letres Intéreſſantes, d'autres Lettres ſur quelqu'autres ſujets que l'Auteur n'a pas eu intention de traiter, il déclare dès à présent qu'il ne donnera jamais un plus grand nombre de Lettres sous ce Titre, & qu'il n'ajoûtera jamais rien à ce que celles qui sont renfermées dans cette Édition, contiennent.

TABLE.

Premiere Lettre. *Sur le Pyrrhonifme*, page   1

Seconde Lettre. *Détail des preuves en faveur du Pyrrhonifme*, page   11

Troifiéme Lettre. *Réponfes aux preuves*, page   41

Quatriéme Lettre. *Sur l'exiftence de Dieu*, page   76

Cinquiéme Lettre. *Sur l'origine du bien & du mal, & fur la Morale*, page 115

Sixiéme Lettre. *Sur les atomes & la divifibilité de la matiere à l'infini*, p. 136

Septiéme Lettre. *Sur le vuide & fur le pouvoir qu'on lui fuppofe de réfléchir la lumiere* page   146

ERRATA.

Page 2 ligne 2 tente, lisez tante.
Page 5 ligne 17 ai, lisez aye.
Page 13 lig. 19 favorable, lis. favorables.
Page 16 ligne 12 Mathématique, lisez les Mathématiques.
Page 32 ligne 3 créance, lis. croyance.
Page 46 ligne 17 est, lisez &.
Page 52 lig. 6 empêchent, lis. empêche,
Page 73 ligne 20 succeffivent, lisez succeffivement.
Page 100 ligne 9 es, lisez les.
Page 126 ligne 9 un, lisez le.
Page 180 ligne 2 tente, lisez tante.
Partout où il y a *donc que*, effacez le *que*.

LETTRE

POUR SERVIR DE PREFACE,

Ecrite à l'Abbé de ★★★.

JE ne pensois pas, Monsieur, que Madame de ★★★, dût vous faire part de quelques lettres, que je lui écrivis il y a quelques jours, *sur le Pyrrhonisme, l'éxistence de Dieu, la morale & sur quelques principes de physique*: elle m'avoit promis sur tout cela un secret inviolable, & c'est tout ce que j'avois éxigé d'elle, pour prix de ma complaisance. Je n'oserois cependant pas me plaindre, elle me prouveroit sans doute que j'ai tort & que je dois lui sçavoir gré de son indiscrétion, puisque vous êtes l'homme du monde le plus capable, par la justesse de votre esprit, de juger de ces sortes de choses, & que je dois faire un cas infini de vos avis & de vos observations que je vous prie de ne me pas épargner.

J'ai retrouvé par hazard un double de ce que j'avois écrit à Madame de *** ; j'en ai retranché les complimens, & ce qui n'avoit aucun rapport aux sujets que je traite, & je vous l'envoye.

Je crois qu'on peut réduire les remarques que vous avez eu la bonté de m'envoyer à trois principales.

Premierement. Vous trouvez que j'ai passé un peu trop legérement sur une preuve employée par Monsieur Huet en faveur du pyrrhonisme ; c'est la cinquiéme, où il dit : *Comment pourrai-je sçavoir que ce qui me paroît vous paroît comme à moi, que ce qui vous paroît blanc me paroît blanc, & que cette couleur que nous appellons blanche vous & moi, paroît à vous*

& à moi une même couleur ? Cette objection, dites-vous, méritoit toute mon attention. En la détruisant je renversois tout son systéme, & en la laissant subsister, ma démonstration contre le Pyrrhonisme restoit imparfaite.

Vous m'observez en second lieu, que quand la matiere ne seroit pas divisible à l'infini par l'imagination, (comme je le prétens.) elle seroit toujours de nature à l'être, dès qu'on trouveroit un diviseur capable de le faire.

Enfin vous auriez voulu qu'ayant traité les sujets les plus intéressans, j'eusse parlé de l'ame, & cherché quelle est sa nature.

Je vais tâcher de répondre par ordre à vos objections. La premiere m'avoit déja été faite par Madame de ***. Je vais vous faire part de ce que j'y avois répondu.

Pour sçavoir si une couleur que vous & moi appellons blanche, ou bleuë, ouverte, paroît à vous & à moi une même couleur, je voudrois donner à cinq ou six personnes différentes, & qui n'auroient aucune connoissance de la peinture ni du mélange des couleurs, à chacun d'eux séparément, un pareil nombre de palettes chargées de blanc, de noir & des sept couleurs primordiales, à l'exception du verd : je les prierois ensuite de former cette couleur verte, qui manqueroit, par le mélange de deux de ces couleurs qui seroient sur leurs palettes ; qu'arriveroit-il ? qu'après quelques essais, ils trouveroient tous également que ce n'est que par le mélange du jaune & du bleu qu'on peut former cette couleur verte qu'on leur demande. Comment se pourroit-il faire qu'ils opérassent tous d'une maniere uniforme, s'ils avoient des sensations différentes ?

Voici quelque chose de plus fort. Madame de *** qui vouloit rencherir sur ce raisonnement, s'avisa d'une expérience qui fait encore mieux sentir que tous les hommes voyent les objets de la même façon. Elle mêla plusieurs brins de soie cramoisi de différentes nuances, & proposa à sa femme de chambre, de les arranger en suivant la gradation qui étoit entre ces nuances, en commençant par le cramoisi le plus pâle, & en finissant par le plus foncé; ce qu'elle fit aisément. La même chose fut éxécutée avec la même facilité par tous ceux qui entrerent ensuite dans son appartement. N'est-on pas obligé de convenir au moins que ces différentes personnes avoient les mêmes sensations; quant à la différence de ces nuances, puisqu'elles les arrangeoient dans le même ordre & suivant la gradation qui étoit entr'elles sans jamais se tromper.

Je sçais qu'on peut m'objecter

qu'aucun corps n'eſt peut-être coloré : que les couleurs, ſelon Deſcartes, ne ſont que des ſenſations de notre ame, occaſionnées par les différens mouvemens des objets, qui mettent auſſi en mouvement les petits globules de lumiere répandus dans l'air qui paſſant au travers des liqueurs & des peaux tranſparentes de l'œil, viennent frapper les nerfs optiques & font ſentir à l'ame toutes les diverſités des couleurs & de la lumiere.

Mais en ſuivant ce ſyſtême ſur les couleurs, quoiqu'il ne ſoit pas aſſurément le meilleur, on ſera obligé de convenir que les différens mouvemens dont les corps ſont agités, doivent produire les ſenſations différentes du rouge, de l'orange, du jaune, &c. Suppoſons donc que les corps qui ont le plus de mouvement, excitent la ſenſation de la couleur rouge, parce que cette couleur eſt la plus forte & la plus éclatante, il s'enfuit nécessairement qu'un même objet que nous appercevrons & que vous & moi appellerons rouge, excitera chez vous comme chez moi, la sensation de la couleur rouge ; car si cet objet fait pour exciter la sensation de la couleur rouge, n'excitoit une pareille sensation que dans votre ame, & n'excitoit au contraire dans la mienne, que la sensation de la couleur verte, il faudroit conclure que je ne pourrois jamais avoir la sensation de la couleur rouge, puisque le corps qui seroit propre à l'exciter, n'exciteroit chez moi que la sensation de la couleur verte.

Je dis de plus, pour couper court aux objections des Pyrrhoniens, que cet objet que vous & moi appellons rouge, ne me paroît point verd, tandis qu'il vous paroît peut-être rouge à cause de la foiblesse de votre organe, &

parce que le mouvement des corps agit plus puissamment sur une organe foible que sur un plus fort; l'expérience nous apprend que la foiblesse de l'organe n'y fait rien : combien de gens, après une longue maladie, se sont trouvés la vuë si affoiblie, qu'ils avoient de la peine à appercevoir à quatre pas ce qu'ils voyoient auparavant, très-distinctement à vingt : cependant, en s'approchant, je suppose d'une tapisserie, la confusion des objets, causée par la foiblesse de leur vuë se dissipe; ce qui leur a paru rouge avant leur maladie, leur paroit encore de la même couleur, donc que la foiblesse de l'organe ne change rien à la sensation qu'un objet doit nécessairement exciter. Donc que la couleur que vous & moi appellons blanche ou rouge, paroit à vous & à moi une même couleur.

Je répons en deux mots à votre seconde remarque, que je n'ay point prétendu dire que la matiere n'étoit point de nature à pouvoir être divisée à l'infini ; mais qu'ayant eu à parler des atomes, j'ai cru qu'on pouvoit démontrer la nécessité où nous sommes de les admettre, & qu'on pouvoit dire, que Dieu, seul, pouvant diviser la matiere à l'infini, & ne l'ayant pas voulu faire, elle ne pouvoit plus l'être par quelqu'autre cause que ce fût, même par l'imagination.

Pour ce qui est de la nature de l'ame, je vous avouë que j'ai évité d'en parler, & que cette importante question m'a paru au-dessus des mes forces. Tous ceux qui en ont écrit n'ont cherché qu'à faire briller leur érudition, en rapportant ce que les peuples les plus anciens & les hommes les plus illustres d'entre ces peuples ont pensé à son sujet : tout homme raisonnable & de bonne foi, sera obligé de convenir qu'il y a beaucoup plus de raisons qui nous portent à croire que l'ame survit au corps, qu'il n'y en a qui nous portent à croire le contraire, mais que nous n'avons cependant point de démonstration complette de son immortalité non plus que de sa spiritualité.

Un auteur moderne, * fort zélé pour le bien de l'Eglise, a cru détruire les objections des matérialistes sur la nature de l'ame ; mais on peut lui représenter aussi qu'il leur fait dire souvent ce qu'ils ne pensent pas. Les matérialistes (selon lui) disent que l'ame est matérielle & que la pensée l'est aussi : d'où il conclud que si la pensée convient à la matiere, il faut qu'elle ait toutes les proprietés connuës de la matiere, c'est-à-dire, qu'elle soit étenduë en longueur, largeur & profondeur : qu'un jugement, un raisonnement, un sentiment de douleur ou de joie, aura,

* (M. L. F.)

moyennant cela, un deſſus, un deſſous, un côté droit & un côté gauche : que le grain de matiere le plus petit, pouvant être diviſé par la moitié, & cette moitié par la moitié, juſqu'à l'infini ; & la penſée étant dans le même cas, il pourra y avoir une moitié de penſée, un tiers, un quart &c. de penſée : qu'enfin l'ame pouvant être diviſée, ſes connoiſſances pourront l'être auſſi.

C'eſt aſſurément répondre, on ne peut pas mieux, à l'objection qu'il s'eſt fait à lui-même & qu'il met ſur le compte des matérialiſtes : mais comme en diſant que l'ame eſt matérielle ; les matérialiſtes diſent en même-temps, que la penſée eſt l'action de l'ame, comme la parole eſt l'action de la bouche, la démarche celle des pieds, &c. On ne peut pas plus dire, que la penſée, conſidérée ainſi comme une action, a un deſſus, un deſſous &c ; qu'on ne peut dire que la parole a un dessus, un dessous, un côté droit & un côté gauche.

On pourroit comparer l'ame à un miroir, dans lequel tous les objets viennent se peindre ; & nos pensées aux combinaisons & aux rapports que ces mêmes objets ont entr'eux lorsqu'ils se réfléchissent dans une glace. Les têtes les mieux organisées seroient celles qui raisonneroient le plus sensément, de même que la glace la plus unie seroit celle qui réfléchiroit les objets le plus reguliérement.

Voilà une partie des raisons des matérialistes, qui ne sont que des conjectures. Un argument très-fort qu'on leur oppose est celui-ci : *La pensée est absolument distincte de la matiere, puisqu'on peut penser à l'une sans penser à l'autre.* Nous sommes donc disposés, par plus d'une raison, à croire que notre ame est immortelle, (sans quoi

la Justice de Dieu, comme je l'ai dit ailleurs, ne seroit point exercée) notre interêt même nous y porte : c'est pourquoi les déistes, ceux-mêmes qui ont le plus de répugnance à recevoir les preuves de la révélation, peuvent penser que notre ame survît à notre corps & vivre en conséquence. c'est donc manquer de charité que d'avancer que " S'il est possible qu'un na-
,, turel extrêmement heureux
,, rende un déiste honnête hom-
,, me, il faudroit avoir perdu le
,, sens pour se fier à lui, lorsqu'on
,, trouve que son naturel, machi-
,, nalement porté à la vertu, est
,, combattu par un interêt un peu
,, important. "

La nécessité d'un être intelligent, tout-puissant, bon & juste nous est démontrée ; la spiritualité de l'ame n'est pas aussi claire ; qu'importe à l'arrangement de l'univers que les ames des hommes soient immortelles ou périssent avec leurs corps ? c'est donc principalement ici l'occasion de se soumettre à la révélation, qui seule peut achever de nous convaincre de l'immortalité de notre ame.

Je voudrois mériter, Monsieur, les éloges que vous avez la bonté de me donner sur tout le reste. Je n'en suis point la duppe, votre amitié influë sans doute un peu trop sur ce que vous me dites de gracieux. Mon amour propre se révolte à la seule proposition que vous me faites de faire imprimer ces lettres, je m'imagine voir tous les gens d'esprit révoltés contre moi, & dire, cet homme voudroit-il passer pour sçavant ? ne voyons nous pas qu'il ne fait que rapporter les sentimens des autres; & qu'il n'a lû les anciens que dans les modernes. Non, Messieurs, je ne vise point à la réputation d'homme de lettres : on trouvera peu-être que mon style est foible, négligé, diffus ; mais si malgré tout cela je pouvois me flatter que quelqu'un d'entre vous trouvât dans ces lettres quelques pensées neuves, & que la maniere dont les choses y sont traitées lui parut intéressante en ce qu'elle présente, sous un même point de vuë & dans un petit nombre de pages, des matieres qui ont été traitées dans des *in-folio*, je courrois les risques de l'impression & m'en trouverois trop dédommagé par le plaisir que j'aurois de m'être rendu utile.

Je suis, &c.

PREMIE'RE

PREMIERE LETTRE

Sur le Pyrrhonisme.

Vous l'éxigez de moi, Madame, & il n'y a pas moyen de vous résister. Je vais donc vous retracer, autant qu'il me sera possible, les différentes questions qui ont été agitées à la campagne depuis votre départ : elles ont toutes pour objet des sujets intéressants ; *le pyrrhonisme, l'éxistence de Dieu, la morale & quelques principes de physique.*

Comme je travaillerai pour vous, le chagrin que j'aurai de ne vous plus voir, m'en deviendra plus supportable, les matieres les plus séches me paroîtront agréables en me fournissant l'occasion de vous entretenir jusqu'au moment où les affaires de ma tente lui permettant de retourner à Paris, me permettront aussi de vous y aller faire ma cour; peut-être, alors souffrirez-vous que je vous parle d'autre chose que de philosophie, laissez-moi du moins cette foible espérance, ne découragez point un homme, dont vous allez avoir besoin pour vous instruire de ce que vous voulez sçavoir.

Je parlerai d'abord *du Pyrrhonisme*; outre qu'il est juste (avant de chercher à acquerir des connoissances) d'éxaminer si nous pouvons sçavoir quelque chose avec une entiere certitude, c'est que vous aurez, peut-être dans peu occasion de connoître le Baron de *** dont vous avez déjà ouï parler, il est aussi aimable par sa figure que par son esprit & par la douceur de son caractére, & malgré tout cela, c'est l'homme le moins consequent que je connoisse.

Il est amoureux d'une très-belle personne qui lui fait tourner la tête & cela ne l'empêchera pas de vous dire froidement, dans quelques occasions, qu'on peut douter de son éxistence & nier celles des autres, qu'aucun de nous ne sçait rien, & ne sçait pas même s'il ne sçait rien ; qu'en un mot, tout étant incertain, tout est indifférent, & lorsqu'on lui objecte, qu'heureusement sa conduite dément une façon de penser aussi singuliere, puisqu'il est très-honnête homme & qu'il reconnoit conséquemment qu'il y a des choses qui sont bonnes & d'autres qui sont mauvaises : il se contente de répondre, que quoiqu'il n'y ait rien de certain, il est cependant plus probable, que ce qui lui paroît bon est bon, qu'il n'est probable qu'il ne soit pas bon.

Il y a des Pyrrhoniens qui outrent bien d'avantage, en disant, que lorsqu'ils conviennent que ce qui leur paroît bon, est bon, ce n'est que pour se conformer à l'usage, & qu'ils ne disent pas pour cela qu'ils soient persuadés que ce qu'ils disent est plus probable que son contraire.

J'espere que ce que j'aurai occasion de vous écrire à ce sujet, & vos propres réfléxions, vous serviront de préservatif contre le systême dangereux du Baron, & que lorsque vous aurez occasion de le voir, vous ne vous laisserez point éblouir par les choses spécieuses qu'il pourra vous dire, ni par les arguments les plus ingénieux qu'il employera pour vous attirer à son opinion.

Etant entré hier matin dans son appartement, je le trouvai qui lisoit avec attention, un livre qui a pour titre (Traité Philosophique sur la foiblesse de l'esprit humain par Mr. Huet, ancien Evêque d'Avranches;) tout le monde sçait que ce sçavant Prélat a composé un grand nombre d'ouvrages très-utiles, & qu'il faisoit un cas singulier de celui-ci, dans lequel il rapporte les sentiments & les raisonnemens des plus grands philosophes qui ont voulu établir l'art de douter, & lui-même avoue qu'il en fut ébranlé, & fait assez connoître qu'il pensoit comme eux. Je demandai ce livre au Baron, & le priai de me le laisser pendant quelque jours, ce qu'il m'accorda volontiers. J'en fais un extrait dont je vous ferai part, si ce livre vous tombe quelque jour entre les mains, vous verrez que quoique j'en ai retranché beaucoup de choses, je n'ai cependant rien oublié de ce qui pouvoit appuyer l'opinion des sceptiques, *qu'on doit douter de tout*, & que je n'ai rien changé au texte.

L'auteur du traité de la foiblesse de l'esprit humain, éxige qu'on éxamine d'abord ce que c'est que la vérité & si elle peut être connuë; car la philosophie n'étant autre chose que l'étude de la sagesse, un effort de l'esprit humain pour connoître la vérité par le secours de la raison, il faut qu'un philosophe sçache ce que c'est que la vérité, l'esprit humain & la raison, & qu'il soit assuré que l'esprit humain peut connoître la vérité par le secours de la raison, avant que de s'engager dans des recherches qui lui donneroient beaucoup de peines sans aucun succès.

Après avoir défini ce que c'est que l'entendement humain, idée, pensée, raison: il parle ainsi de la vérité. Quant à la vérité, non pas celle que les philosophes appellent vérité d'éxistence, mais celle qu'ils appellent vérité de jugement, je la définis ainsi : la convenance & le rapport du jugement que fait notre entendement, en vuë de l'idée qui est en nous avec l'objet extérieur qui est l'origine de cette idée ; supposons que l'objet qui se présente au dehors est un loup d'où s'est formé l'idée qui est en moi, mon entendement en vuë de cette idée conçoit & juge que c'est un loup, ce jugement se rapporte & convient avec l'objet extérieur & c'est pourquoi on dit qu'il est véritable, & ce rapport & cette convenance du jugement que mon entendement forme avec l'objet extérieur, s'appelle vérité, & au contraire si mon entendement en vuë de cette idée conçoit & juge que c'est un chien, ce jugement formé par mon entendement est différent & dissemblable de l'objet extérieur, c'est pourquoi on dit qu'il est faux, & cette différence ou dissemblance d'avec l'objet extérieur s'appelle fausseté ou erreur, que s'il se trouve donc (dit-il plus bas) que la nature de l'homme soit telle, qu'il ne peut connoître avec une certitude parfaite par le secours de sa raison, que cet objet extérieur convienne & se rapporte avec le jugement que mon entendement en a formé, en vuë de l'idée que j'en ai, il faut nécessairement avouer que *l'homme ne peut connoître la vérité avec une entiere certitude par le secours de la raison.*

Il employe ensuite un grand raisonnement pour prouver qu'il y a plusieurs degrés de certitude. *La certitude de la foy par éxemple est au dessus de toutes les certitudes qui nous viennent par les sens, par la raison & par la lumiére naturelle, puisqu'elle nous vient de Dieu.* Je ne crois pas que personne ose lui contester cela, non plus que ce qu'il ajoûte. *Que la certitude de la foy n'est point égale à cette certitude des bienheureux, ni pour la fermeté ni pour l'évidence,* suivant le témoignage de St. Paul, qui dit : *Nous voyons présentement par un miroir en énigme, & les bienheureux voyent dans le Ciel face à face ;* mais je crois qu'on peut lui disputer ce qu'il établit avec tant de confiance ; *qu'il y a plusieurs degrés de certitude humaine.* L'idée que nous avons de la certitude entraîne nécessairement celle d'une chose évidente par elle-même, comme *deux & deux font quatre*, qui est une vérité qu'on ne sçauroit combattre par aucune espece de raisonnement : or tout ce qui n'a pas cette entiere évidence, ne doit point être appellé *certitude*, donc qu'il ne peut y avoir plusieurs degrés de certitude.

Examinons ce qu'il dit pour établir ces differents degrés de certitude : *nous connoissons*, dit-il, *plus certainement & plus évidemment, que le tout est plus grand que sa partie, que nous ne connoissons ce qui est attesté par deux témoins.* Mais on peut lui répondre, que ces deux choses n'ont rien de commun ; que cet axiome, *le tout est plus grand que sa partie*, est évident par lui-même, & qu'il emporte avec lui une telle conviction, qu'il ne nous reste rien à repliquer pour le combattre, mais que nous ne connoissons point, avec aucun genre de certitude; un fait attesté par deux témoins, puisqu'ils ont pu nous tromper en assurant ce qui n'est pas : & cela n'arrive que trop souvent.

Les autres exemples qu'il donne n'ont, selon moi, pas plus de force que celui-ci. *Je sçais certainement*, dit-il, *que deux & deux font quatre, & je sçais certainement aussi qu'auprès du bosphore de Thrace, il y a une ville nommée Constantinople.* Est-il en droit d'inferer de là qu'il y a quelque différence entre ces deux façons de connoître avec certitude ? Je ne le crois pas, tout ce qu'on en peut seulement conclure, c'est que de ces deux choses également certaines, la premiere l'est pour tout le monde, parce qu'elle est à la connoissance de tout le monde, & que la seconde ne l'est que pour ceux qui ont été à Constantinople.

Je n'ai ni le temps, ni la tête assez bonne pour vous écrire davantage aujourd'hui sur cette matiere, nous remettrons, s'il vous plaît, à une seconde lettre le détail des preuves qu'il employe pour prouver que nous ne pouvons rien connoître avec une parfaite certitude. Les raisons avec lesquelles on peut combattre son opinion, & même la détruire, feront le sujet d'une troisiéme.

Je suis, &c.

DEUXIEME LETTRE.

Détail des preuves en faveur du Pyrrhonisme.

VOUS voyez, Madame, que je ne vous fais pas long-tems attendre l'extrait du livre de Mr. Huet : quelqu'empressement que j'aie, lorsqu'il s'agit de répondre à votre impatience, je ne sçais, si lorsqu'il sera question d'éxaminer les raisons que ce sçavant

Prélat rapporte en faveur du pyrrhonisme, il me sera aussi aisé de vous satisfaire, & si vous aurez lieu alors de vous louer de ma diligence.

Je n'ai pas d'abord senti toute la difficulté de ce que j'entreprenois : il est certain (quoiqu'en dise notre auteur) que nous pouvons acquerir, par le secours de la raison, la connoissance d'un petit nombre de vérités avec une parfaite certitude, mais c'est ce qu'il est plus facile de sentir que d'exprimer. Je vais vous mettre à même d'en juger par ce qui suit.

Premiere preuve employée par Mr. Huet dans son livre de la foiblesse de l'esprit humain.

DANS cette premiere preuve il cherche à s'étaïer du sentiment des peres de l'Eglise qui ont dit dans beaucoup d'endroits que la sagesse humaine étoit fri-

» vole, qu'elle ne nous apprenoit
» rien d'utile, & qu'il falloit la sa-
» crifier à la foi, qu'enfin Jesus-
» Christ & les Apôtres ne nous
» avoient point enseigné les subti-
» lités de la dialectique, ni les finef-
» ses du raisonnement, mais une
» doctrine claire & nette qui s'est
» conservée par la foi & les bon-
» nes œuvres. «

Nous verrons dans la réponse à cette premiere preuve, que tous les peres de l'Eglise qu'il cite, entendoient qu'en matiere de religion il faut soumettre sa raison à la foi, qui est venue pour l'éclairer sur ce qu'elle ne pouvoit pas connoître, mais que bien loin d'être favorable au sentiment des sceptiques & des académiciens (qui roule en partie sur ce que nos sens peuvent nous tromper) ils détestoient au contraire cette doctrine. Voici entr'autre les paroles de Tertullien rapportées par l'auteur en un autre endroit : *il ne nous* est pas permis de douter de la fidélité des sens, de peur qu'on en doute aussi en ce qui regarde Jesus-Christ, & que l'on ne dise peut-être qu'il aura vu faussement Satan précipité du Ciel, ou qu'il aura entendu faussement la voix du pere, lui rendant témoignage.

Seconde preuve.

L'HOMME ne peut connoître, avec une entiere certitude, qu'un objet extérieur répond éxactement à l'idée qui en est empreinte en lui.

Car premierement on n'oseroit dire que l'image ou espece de ce corps extérieur qui se présente à nous est sa véritable ressemblance sans aucune différence : par quel art, par quelle industrie mon entendement qui juge de cette ressemblance peut-il comparer cet objet extérieur avec son image ? puisque l'un & l'autre sont hors de mon entendement, puisque cette image ne peut-être, ni arrêtée, ni considérée, & que quelques-uns même ont douté si elle éxistoit ?

2°. Quand j'accorderois que l'image ou espece de l'objet extérieur lui est entierement semblable, il ne laisseroit pas de demeurer constant par une infinité d'expériences, que le milieu par où passe cette espece qui part de l'objet pour venir ébranler la sensation, est fort variable & changeant. La couleur que l'on voit au soir dans les objets est différente de celle qu'on y voit à midi ; la couleur que l'on y voit à la lumiere du soleil est différente de celle qu'on y voit à la lumiere d'un flambeau ; les maisons paroissent trembler lorsqu'on les regarde au travers de la fumée qui sort d'un feu allumé : nous voyons une grande varieté de couleurs dans les objets qui sont proches de nous, & ces mêmes objets à une grande dis-

tance paroîtront tous d'une même couleur ; cette couleur est ordinairement bleüe, telle qu'on la remarque dans la mer & dans le ciel, quoique ni l'un ni l'autre ne soit bleu : car ce bleu de la mer change selon la diversité des vents, & devient quelquefois de couleur de pourpre & quelques fois jaune. Ces vastes corps des astres, dont nous connoissons la grandeur par mathématique, de quelle petitesse paroissent-ils à nos yeux ? faut-il rapporter l'exemple de l'aviron, qui, quoique véritablement droit, paroît rompu à l'endroit ou il sort de l'air pour entrer dans l'eau ? celui des verres colorés qui donnent leurs couleurs aux especes ou images des corps extérieurs, lorsqu'ils en sont traversés & celui des sons & des odeurs qui nous paroissent différents, suivant la diversité du milieu par où ils passent pour venir à nous ? il est donc constant que ces especes ou images des corps
extérieurs

extérieurs sont sujettes à une infinité de changements, selon la varieté & le changement du milieu par où elles passent.

3°. Supposons néanmoins que ces especes ou images qui s'écoulent sans cesse des corps, sont reçues par nos sens sans aucun changement. La fidélité de nos sens est douteuse : combien de preuves en ont apporté les philosophes ? je n'en rapporterai qu'une à laquelle je ne vois pas ce qu'on peut répondre. Il est certain que le sens dépend de l'instrument du sens, nous sentons les choses autrement quand les organes des sens sont sains & vigoureux & autrement quand ils sont malades : il y a bien des gens à qui les objets paroissent plus grands, lorsqu'ils les regardent d'un œil, & plus petits lors qu'ils les regardent de l'autre ; si cette diversité des sens se remarque dans la même personne, combien est-elle plus grande encore

B

dans cette multitude d'hommes dont les corps & les organes des sens sont si dissemblables ? n'at-on pas dit que nos yeux nous trompent, & que l'incertitude de nos sens impose à la raison ? une tour qui paroît quarrée quand on la regarde de près, paroît ronde dans l'éloignement.

4°. Continuons à être faciles, & supposons encore que les organes des sens soient fidelles lorsqu'ils nous rapportent les especes ou images des objets extérieurs d'où elles sont parties, telles qu'elles sont, & sans y rien changer, (ce que Zénon jugeoit nécessaire pour la connoissance de la vérité) qu'est-ce qui nous répondra de la fidélité des sens, lors qu'ils rapporteront à l'entendement les sentimens qu'ils auront eu ? car ils se servent pour cela des fibres & des nerfs dont la conformation étant fort diverse, comme les médecins l'ont remarqué, il s'en suit que les rapports qu'ils font à l'entendement, ne peuvent pas être uniformes; ils se servent aussi des esprits animaux qui ne se trouvent pas en même quantité dans tous les hommes & dont les mouvements sont fort différents.

5°. D'ailleurs le cerveau qui est comme la citadelle de l'ame, le laboratoire de la raison, l'ouvrier de la réception, telle qu'elle puisse être, est-il d'une même forme & d'une même structure dans tous les hommes ? ne le voyons-nous pas plus petit dans les uns & plus grand dans les autres ? la conformation de la tête qui est une marque certaine de celle du cerveau est si différente dans les hommes, que des nations entieres ont la tête ronde, d'autres l'ont longue, d'autres pointue & plusieurs l'ont platte. On sçait que la bonté de l'esprit, la force du raisonnement & la fidélité de la mémoire viennent de la conformation & de la disposition du cerveau & de la tête.

6°. Mais quand tous ces organes qui sont si peu sûrs seroient d'une fidélité incontestable, la fidélité de l'entendement humain étant douteuse, & sa nature nous étant inconnue, nous ne serions pas pour cela plus instruits de la maniere dont l'ame perçoit les especes ou images imprimées dans le cerveau, de la maniere dont elle juge des choses qu'elle a perçue, & de la maniere, enfin, dont ces especes qui sont purement corporelles & materielles peuvent se faire sentir à l'ame qui est incorporelle & immaterielle.

Puisque nous ne sçavons pas de quelle maniere cette impression qui se fait dans le cerveau peut parvenir à l'ame, & que l'ame cependant se sent ébranlée & affectée en quelque façon par le cerveau, qui a été ébranlé lui-même par un mouvement corporel, de sorte qu'elle concevra un objet extérieur d'une certaine maniere, comme par éxemple le soleil qui lui paroîtra un disque lumineux & rayonnant, elle sera donc incertaine si cette même figure se trouve dans l'œil, ou s'il s'y trouve une figure différente. Ajoutons au contraire que l'ame est persuadée que l'image du soleil se représente renversée dans l'œil, quoiqu'elle reconnoisse en soi-même une image du soleil qui ne soit pas renversée.

L'ame est aussi incertaine si l'image qui est partie du soleil est semblable à celle qui est représentée dans l'œil : elle ne sçait pas même si aucnne image du soleil s'est représentée dans son œil, ou si elle s'est formée elle-même cette idée sur les traces qui se sont trouvées auparavant imprimées dans le cerveau, de même que les idées qu'on se forme dans le sommeil, dans la folie & dans l'yvresse, qui n'ont cependant aucune réalité,

& de même encore que les idées que nous formons étant éveillés, étant dans notre bon sens, & étant sans yvresse.

D'ailleurs on a cherché par une infinité de méditations & de disputes quelle est la nature de notre entendement, en quelle partie de notre corps il est placé, quelle est son action s'il n'a aucune idée que par le ministére & le message des sens, ou si la nature les lui a imprimées en le formant. Or toutes ces disputes & ces questions touchant la nature de l'entendement ne peuvent être décidées que par l'entendement même qui est d'une nature douteuse; comment une chose douteuse se deciderat-elle par une chose douteuse ? le goût se peut-il goûter ? l'odorat se peut-il sentir ? la vue peut-elle se voir ? puisque les especes ou les images des objets extérieurs qui sont la source des idées qui se forment en nous sont sujettes à tant de changement, puisque les sens de notre corps sont si obtus & rebouchés, puisque les organes de nos sens sont si imbécilles, puisque la nature de l'entendement humain est si cachée, quelle connoissance certaine pouvons-nous nous promettre de la convenance qui est entre l'objet extérieur qui se présente à nous, & l'idée de cet objet qui se trouve imprimée dans notre ame?

Troisiéme Preuve.

Nous avons encore une preuve bien claire de l'ignorance qui nous est naturelle, en ce que l'essence des choses est telle qu'elle est incompréhensible à l'esprit humain.

On ne peut connoître l'essence d'une chose si l'on ne sçait en quoi elle convient & en quoi elle différe des autres choses, c'est-à-dire, si l'on ne connoît son genre & sa différence : or on ne peut connoître le genre d'une chose, c'est-à-dire en quoi elle convient avec une autre chose de différente espece, si l'on ne connoît l'essence de l'une & de l'autre, il est donc nécessaire de connoître l'essence de cette chose dont nous voulons connoître le genre : or nous venons de dire que pour connoître l'essence de cette chose, il en faut connoître le genre, l'essence & le genre ont donc besoin l'un de l'autre pour être connus, & la connoissance d'une chose inconnuë dépend d'une chose inconnuë, de sorte que l'on tombe dans un cercle où une sorte de raisonnement vicieuse, qu'on appelle dialelle ou alternatoire, qui ne prouve rien.

On doit dire de la différence la même chose que je viens de dire du genre, car je ne puis sçavoir en quoi une chose différe d'une autre, si je ne les connois toutes deux.

Demandez aux professeurs de philo-

philosophie ce que c'est que l'homme, ils vous diront que c'est un animal raisonnable; voilà le genre & la différence; or le genre doit être commun également aux especes qui sont comprises sous ce genre, l'homme doit donc être animal de la même maniere que le cheval est animal, sans quoi il y aura de la différence dans le genre, même comme genre, & partant il ne sera point genre: or comment sçaurez-vous que l'homme & le cheval sont également animaux si vous ne connoissez pas leur nature & si vous ne connoissez pas même ce que c'est qu'animal ? car si vous demandez à ces mêmes professeurs ce que c'est qu'animal, ils vous répondront que c'est ce qui vit & qui sent : or comment pouvez-vous sçavoir, mes chers maîtres, si l'homme & le cheval sentent également ? Voici Descartes qui soûtient que le cheval ne sent pas mieux les éperons qui le piquent, que l'arbre fent la hâche qui le coupe ; nous voyons d'ailleurs de certaines plantes qui donnent des marques de fentiment lorfqu'on les touche, & qui pourtant ne font point animaux ni par confequent le cheval ; ajoûtez à cela que l'on ne voit un animal que lorfqu'on voit un cheval, un homme, un poiffon, un oifeau ou quelqu'autre animal, on ne connoît donc l'animal qui eft le genre que par fes efpeces, & nous cherchions tout à cette heure à connoître l'efpece par le genre. Venons maintenant à la différence qui avec le genre compofe l'effence de l'homme.

Cette différence eft tirée de la raifon dont on prétend qu'il eft doué, or c'eft cela même qui eft en queftion dans notre préfente recherche : puifque nous ne fommes pas affurés que l'homme puiffe raifonner, nous ne le fommes pas non plus qu'il foit un animal raisonnable, ni que la raison soit sa différence ; supposons néanmoins qu'il soit raisonnable, sommes-nons assurés qu'il soit le seul de tous les animaux qui soit raisonnable ? Nous avons des livres de quelques grands philosophes qui soûtiennent que la raison se trouve aussi dans d'autres animaux.

Quatriéme Preuve.

IL y a encore une autre cause très-sensible qui nous empêche de connoître les choses ; sçavoir le continuel changement où elles sont sujettes : pour exprimer cette continuelle mutabilité des corps, les anciens philosophes se sont servis de la comparaison d'un fleuve. Héraclite & le philosophe Cratile ont dit que jamais personne n'étoit entré deux fois dans le même fleuve, parce que les eaux qui s'écouloient hier de cet endroit du fleuve où un homme est entré, sont déjà écoulées, & que d'autres ont pris leur place qui s'écoulent présentement. Il en est de même des animaux, le cheval qui vous porta hier, n'est pas le même aujourd'hui, ses os, ses chairs, son poil sont changés par la nourriture qu'il a prise, par les excréments qu'il a rendus, par son accroissement, par la respiration, par la transpiration, &c. Il s'ensuit de là que lorsque je m'appliquerois à rechercher la connoissance d'une chose elle cesseroit d'être ce qu'elle étoit avant que mon esprit se soit appliqué à cette recherche.

Puisque toutes choses sont si variables il faut que je sois moi-même sujet au changement & que je change d'heure en heure, de moment en moment, quoique cela ne soit sensible qu'après un certain temps : comment donc l'homme si variable & si inconstant en lui-même pourra-t-il juger sûrement des choses ?

Cinquiéme Preuve.

Si les hommes sont si sujets au changement, qu'il n'y en a pas un seul qui pendant quelque temps soit semblable à lui-même; il faut qu'il se trouve une différence infinie dans cette grande multitude d'hommes comme je l'ai remarqué. De cette grande varieté, quelle convenance de jugement peut-on attendre ? quelle conformité & quelle fermeté de sentimens ? comment pourrai-je sçavoir que ce qui me paroît vous paroît comme à moi ? que ce qui vous paroît blanc me paroît blanc & que cette couleur que nous appellons blanche, vous & moi, paroît à vous & à moi une même couleur ?

Sixiéme Preuve.

A toutes ces preuves, il faut encore ajoûter celle-ci, que toutes les choses de ce monde sont liées entr'elles de telle sorte qu'on ne peut en concevoir aucune sans en concevoir une autre, ni cette autre sans une troisiéme, ni cette troisiéme sans une quatriéme jusqu'à ce que portant notre esprit de l'une en l'autre, nous ayons parcouru l'infinité des choses dont le monde est composé. On peut ajoûter à ce que dit ici l'auteur du traité philosophique, ce qu'il dit à la troisiéme preuve, & que j'ai voulu joindre à cette sixiéme preuve comme en faisant une suite nécessaire; sçavoir, qu'en remontant ainsi d'une chose inconnuë à une autre chose également inconnuë & ainsi de l'une en l'autre jusqu'à l'infini, nous ne pourrons jamais parvenir à la connoissance de la chose que nous cherchons, où il faudra s'arrêter à une cause supérieure dont on ignore le genre : or si l'on ignore le genre de cette cause supérieure on ignore cette cause.

Il fait ensuite l'énumération de tout ce qu'il faudroit apprendre pour parvenir à la connoissance de l'homme, ce qui est selon lui d'une difficulté insurmontable.

Septiéme Preuve.

Dans cette septiéme preuve, Mr. Huet dit que l'homme n'a point de régle certaine pour connoître la vérité, que plusieurs philosophes ont cherché cette régle qu'on appelle *criterium*, il le divise en trois especes, *le criterium duquel*, c'est l'homme, car il s'agit de la connoissance de la vérité que l'homme veut acquerir, *le criterium par lequel* sont les instruments dont l'homme se sert pour connoître la vérité, comme les sens ou l'entendement, & *le criterium selon lequel*, c'est l'action de l'esprit humain qui applique à la recherche de la vérité *le criterium par lequel.*

Laissons à part ce jargon de l'école & voyons de quelles raisons notre auteur se sert pour renverser la créance qu'on pourroit avoir aux régles de vérité.

Puisque pour connoître la vérité il faut avoir dit-il un criterium ou régle de vérité, il est nécessaire de le trouver avant que de rechercher la connoissance de la vérité ; or pour trouver ce criterium, il faut sçavoir discerner le vrai criterium du faux : pour cela nous devons chercher auparavant si le vrai criterium a des marques certaines de vérité, & comment connoîtons-nous ces marques de vérité, si nous ne connoissons la vérité ? il faut donc avoir trouvé la vérité avant de pouvoir trouver le criterium, & il faut avoir trouvé le criterium avant que de pouvoir trouver la vérité, & puisque nous n'avons trouvé ni la vérité, ni le criterium, il s'ensuit qu'on ne peut trouver ni l'un ni l'autre.

Huitiéme Preuve.

DANS cette huitiéme preuve notre auteur s'efforce de prouver qu'il n'y a rien d'évident. Premierement, parce qu'on dispute contre l'évidence ; secondement, parce que les objets qui se présentent à l'esprit de ceux qui sont endormis, qui sont yvres & qui sont fous, sont aussi évidents que les objets qui se présentent à l'esprit de ceux qui sont éveillés, qui sont à jeun & qui sont dans leur bon sens. Après quelques autres raisonnemens qu'il fait à ce sujet, il ajoûte : il n'y a rien d'évident que ce qui est évident à tout le monde, car si personne ne veut recevoir pour évident que ce qui lui paroît évident, le vrai & le faux seront également évidents, car chacun de ceux qui auront des opinions contraires alléguera l'évidence pour preuve de son opinion ; or rien n'est si évident qu'il paroisse évident à tout le monde, d'où il s'enſuit qu'il n'y a point d'évidence.

Je dis de plus (continuë-t-il) que ce qui paroît à l'eſprit dans le ſommeil, dans l'yvreſſe & dans la folie, n'a pas moins d'évidence que ce qui paroît à l'eſprit quand on eſt éveillé, quand on eſt à jeun & quand on eſt dans ſon bon ſens. Quand on eſt éveillé, quand l'yvreſſe eſt paſſée ou que l'on eſt revenu de ſa folie, on reconnoît véritablement qu'on étoit alors dans l'erreur, mais on ne s'en apperçoit point dans le temps du ſommeil, du vin, ou de la folie. Qui peut ſçavoir, (dit-il dans un autre endroit) puiſque les images qui ſe repréſentent à nous dans le ſommeil ſont fauſſes quelqu'évidentes qu'elles nous paroiſſent, ſi notre vie n'eſt point un autre ſommeil pendant lequel les images qui ſe préſentent à notre eſprit, de quelques lumieres qu'elles ſoient environnées, ſont néanmoins vaines

& fausses. Il joint ensuite à ce raisonnement la force des exemples, celui d'un homme endormi & resté seul dans une sale de spectacle qui frapoit des mains devant un théatre vuide, croyant voir & entendre clairement le geste & le récit des acteurs ; celui des fous dont les emportemens, les craintes & les transports sont des marques d'un esprit évidemment & violemment agité par les images des choses qui se présentent à eux ; celui des somnanbules qui marchent sur les toits des maisons avec beaucoup de circonspection, ce qu'ils ne feroient pas s'ils n'y étoient excités par de très-claires idées : & enfin celui des prétendus sorciers, qui croyent assister au sabat & avoir des idées très-claires de choses néanmoins très-fausses & très-frivoles, en sorte qu'étant éveillés ils ne reconnoissent pas qu'ils dormoient quand ces visions leur passoient par l'esprit & s'imaginent que ceux qui les contredisent dorment eux-mêmes ou ne sont pas dans leur bon sens.

Neuviéme Preuve.

Descartes nous fournit encore une autre raison de douter, lorsqu'il dit que nous ne sçavons pas si Dieu ne nous a point voulu créer de telle nature, que nous nous trompions toujours, même dans les choses qui nous paroissent les plus claires.

Ce nouveau moyen de douter ne peut aucunement être détruit, si la raison n'emprunte le secours de la foi, car si quelqu'un se persuade que l'homme est un animal formé de telle sorte par la nature, que ce qui lui paroît vrai soit faux, tout ce qu'on lui proposera contre cette opinion, lui paroîtra faux ou véritable. S'il lui paroît faux il le rejettera avec justice, s'il lui paroît véritable, (se croyant de telle nature que ce qui lui paroît véritable eſt peut-être faux,) il ſera encore obligé de le rejetter comme faux.

Dixiéme preuve.

Nous avons encore une autre preuve pour faire voir la foibleſſe de l'eſprit humain & de la raiſon. Quelque raiſonnement qu'on puiſſe former pour défendre la raiſon, c'eſt une production de la raiſon : or la raiſon ne peut rien produire qui ſoit abſolument certain, donc quelque preuve que je puiſſe inventer pour défendre la certitude de la raiſon, elle ſera incertaine.

Onziéme preuve.

Les raiſonnemens ſont incertains.

Si mes adverſaires veulent me prouver que Pierre eſt raiſonnable, voici comme ils raiſonneront:

tout homme est un animal raisonnable ; Pierre est homme, donc Pierre est un animal raisonnable. La premiere de ces trois propositions, qui est universelle, passe principalement pour être véritable, parceque chaqu'homme en particulier est un animal raisonnable : car après avoir reconnu que cet homme est un animal raisonnable, & celui-là encore & cet autre aussi, & que l'on n'a vû aucun homme qui ne fût un animal raisonnable ; de l'amas de toutes ces propositions particuliéres, qui décident que chaque homme en particulier est un animal raisonnale, on a formé cette proposition universelle : tout homme est un animal raisonnable, d'où il s'enfuit que la certitude de cette proposition universelle dépend de la certitude de toutes ces propositions particulieres.

Mais dans le raisonnement que nous séxaminons, la certitude de la proposition particuliere dépend de la certitude de la proposition universelle ; car de ce que tout homme est un animal raisonnable, on conclut que Pierre est un animal raisonnable, on tombe donc dans ce raisonnement vicieux dans une espece de cercle que les anciens philosophes nommoient dialelle.

Douziéme preuve.

IL s'ensuit des dissentions des dogmatiques qu'il ne faut s'attacher à aucune de leurs sectes : car si rien n'a jamais été affirmé par quelque dogmatique qui n'ait été nié par quelqu'autre. Quelles assurances pourrons-nous prendre sur leurs affirmations, voyant que les autres philosophes dogmatiques remplis d'une pareille arrogance n'y en prennent aucune.

Treiziéme preuve.

La loi de douter a été établie par d'excellens philosophes. Ici Mr. Huet cite Socrate, Platon, Archésilas, Ciceron, Pirron & quantité d'autres sçavans hommes qu'il réduit en deux classes: celle des académiciens & celle des sceptiques ou pyrrhoniens, qui conviennent également qu'il peut y avoir quelque chose de bon & quelque chose de mauvais; avec cette différence cependant, que les académiciens en avouant cela, disoient qu'il est plus probable que ce qui paroît bon est bon, qu'il n'est probable qu'il ne soit pas bon; au lieu que les sceptiques en accordant qu'il peut y avoir quelque chose de bon & quelque chose de mauvais, ne le faisoient que pour se conformer à l'usage & ne croyoient pas que l'un fût plus probable que l'autre.

Je suis, &c.

TROISIEME LETTRE.

Réponses aux preuves.

QUOIQUE l'auteur du traité philosophique dise au commencement de son livre, qu'il croit les vérités d'éxistence, & qu'il ne doute que des vérités de jugement : il ne faut pas trop s'y arrêter. On trouve dans son ouvrage des raisonnemens qui tendent à anéantir toute certitude, & il donne d'ailleurs son approbation aux sentimens de Pyrrhon & de quantité d'autres sceptiques, qui ont poussé la frénésie jusqu'à douter de leur propre éxistence, & des vérités d'éxistence, évidentes par elles mêmes.

Mon dessein n'est point de convertir des gens qui nient tout ; mais comme leurs raisons pourroient paroître spécieuses & jet-

D

ter le trouble dans l'esprit de plusieurs ; en leur accordant qu'il y a des choses que nous ne sçavons qu'imparfaitement & d'autres que nous ignorons tout-à-fait, je m'attacherai à prouver que nous en connciſſons quelques autres avec une entiere certitude.

Etabliſſons en premier lieu quelques axiomes ou propoſitions générales & inconteſtables, telles que celles-ci : 1°. *Je ſens, donc je ſuis, donc que j'éxiſte.* 2°. *Les objets dont je ſuis environné qui me font ſentir mon éxiſtence, éxiſtent eux-mêmes néceſſairement.* 3°. *Le ſentiment de mon éxiſtence me fait connoître pluſieurs vérités.*

Premiere propoſition : *je ſens, donc je ſuis, donc que j'éxiſte.* Quel eſt le Pyrrhonien qui peut nier qu'il ne ſoit affecté de pluſieurs idées & de pluſieurs ſentimens de douleur, de joye, de colére, de haine &c. d'ailleurs, ſi leur argument le plus fort eſt celui-ci ;

que, *Dieu peut nous avoir formés de façon que nous nous trompions toujours.* N'est-ce pas avouer non-seulement que Dieu éxiste, mais encore que l'homme qu'il a formé ainsi éxiste aussi ? cela une fois posé, on les menera plus loin qu'ils ne pensent, en leur prouvant que toutes les connoissances que nous sommes en état d'acquérir dérivant naturellement de ce premier principe incontéstable, *je sens, donc je suis, donc que j'éxiste.* Elles sont incontestables aussi.

Seconde proposition : *les objets dont je suis environné, qui me font sentir mon éxistence, éxistent eux-mêmes nécessairement.* Après m'être assuré de mon éxistence, si je me prouve que je ne la sens que parce que des objets extérieurs me la font sentir, je ne puis plus douter de l'éxistence de ces mêmes objets : en vain m'alleguera-t-on que c'est vouloir prouver une chose inconnue par une autre chose également inconnue, que c'eſt tomber dans ce cercle, dans ce raiſonnement vicieux qu'on nomme dialelle ; cette premiere propoſition, *je ſens, donc je ſuis, donc que j'éxiſte* n'a point beſoin de la ſeconde propoſition pour être vraie : ce doute que vous avez le pouvoir de former ſur votre éxiſtence prouve lui ſeul votre éxiſtence. La ſeconde propoſition a au contraire beſoin de la premiere : car il faut ſçavoir ſi les idées que nous trouvons dans notre entendement ſont innées en nous, ou ſi elles ne nous viennent que des objets extérieurs & par nos ſens ; car cela une fois prouvé, nous devons être auſſi ſûrs de l'éxiſtence des objets qui nous font ſentir notre éxiſtence, que de notre éxiſtence même. Or dès que je rentre en moi-même, je n'y trouve aucune idée qui ne me ſoit venue de dehors & par les ſens, même celle de Dieu qui m'eſt inſpirée par l'ordre admirable que je découvre dans l'univers, sans lequel il ne pourroit subsister depuis si long-temps, & qui m'engageant à en réchercher la cause me fait remonter nécessairement à un être intelligent, juste, immuable, tout-puissant, mais incompréhensible. L'idée du mouvement m'est venue de ce que j'ai vû certains corps en mouvement & de ce que les ayant vûs ensuite en répos, je me suis fait une idée abstraite du mouvement entiérement separée de l'idée de ces même corps. On en peut dire autant du néant, de l'espace, du temps, &c. & consulter là-dessus M. Loke, qui a débroüillé ce cahos admirablement bien.

Troisiéme proposition. *Le sentiment de mon éxistence me fait connoître plusieurs vérités :* telles que celles-ci, *deux & deux font quatre* & tous les calculs, *le tout est plus grand que sa partie. Une chose ne sçauroit être & n'être pas dans le mê-*

me temps. *Deux corps ne sçauroient occuper le même espace dans le même instant*, & quantité d'autres qui peuvent nous servir de critérium ou régle de vérité tant demandée & tant combattue par les pyrrhoniens.

Voici une des manieres dont cette idée, *deux & deux font quatre*, peut m'être venue par le sentiment de mon éxistence. Je suppose que j'aye grand mal à une jambe & que j'y ressente de vives douleurs : quelque temps après des douleurs aussi vives se font sentir dans l'autre jambe, & voilà les idées du nombre ; un, est du nombre deux qui me sont venues par le sentiment de mon éxistence : de pareilles douleurs s'emparent successivement des mes deux bras ; je ressens alors de la douleur dans quatre parties différentes de mon corps, & de-là l'idée me vient d'ajouter *deux au nombre deux*, ce qui fait quatre, &c. Cette idée, *le tout est plus grand que sa partie*, me vient pareillement par le sentiment de mon éxistence. Je suppose encore que je ressente de vives douleurs à une jambe, & que le mal augmente au point qu'on soit obligé de la couper, vous m'avouerez que je n'en éxiste pas moins dans les autres parties de mon corps, & j'en conclurai fort naturellement que le tout est plus grand que sa partie. Nous sentons pareillement que nous ne pouvons nous empêcher d'être ou d'éxister, pendant que nous sommes ou que nous éxistons, & que lorsque quelqu'un nous pousse & veut prendre notre place nous sommes obligés de la lui céder.

Réponse à la premiere preuve.

J'AI déja dit que les peres de l'Eglise bien loin de douter de la fidélité des sens, se sont élevés contre ceux qui en doutoient, & qu'ils ont crû avec raison que le pyrrhonisme sappoit tous les fondemens de la Foi : en effet comment les témoignages de l'Ecriture & les preuves de la révélation pourront-elles être reçuës par des gens qui doutant de tout ce qu'ils voyent, douteront à bien plus juste titre de tout ce que les autres ont dit & vû. St. Augustin a dit, *si vous ôtez le consentement, vous ôtez la foi, parce qu'on ne croit rien sans le consentement.* Et les peres de l'Eglise ont toujours pensé, que les motifs de crédibilité qui préparent l'entendement à recevoir la foi, doivent être certains d'une souveraine certitude absolue.

Réponse à la deuxiéme preuve.

CETTE premiere proposition, *je sens, donc je suis, donc que j'éxiste*, nous rend assurés de notre éxistence ; elle ne peut être combattue par aucune raison, elle est évidente par elle-même. Lorsqu'on entre dans le détail il est evident aussi

aussi que nous n'avons que cinq façons d'appercevoir ou de sentir. La vûe est la façon de sentir par les yeux, ou si l'on veut le sentiment des yeux ; l'ouïe, celui de l'oreille ; l'odorat, celui du nez ; le goût, celui du palais ; & le tact, celui du toucher qui est répandu dans toutes les parties du corps : ainsi lorsque nous dirons que nous voyons ou sentons de quelque maniere que ce soit un objet, nous demeurerons persuadés que cet objet éxiste. Il ne reste plus qu'à prouver comment nous pouvons connoître que cet objet est tel qu'il nous paroît, & c'est selon moi ce qui peut se faire de deux manieres ; premierement (n'en déplaise à nos adversaires) par le consentement unanime de tous les hommes qui s'accordent sur certaines choses ; & 2.^{ent} parceque nous avons pour regle de vérité, *ou criterium*, ces vérités évidentes par elles-mêmes *deux &*

E

deux font quatre. Le tout est plus grand que sa partie. Une chose ne sçauroit être & n'être pas dans le même temps. Deux corps ne sçauroient occuper le même espace dans le même instant; & quantité d'autres.

Cette deuxiéme preuve que nous cherchons à combattre, est fondée sur plusieurs raisons. Premiérement : sur ce que nous ne pouvons pas sçavoir si un objet que nous appercevons convient & se rapporte avec le jugement que notre entendement en a formé en vuë de l'idée qu'il en a, parceque ce même objet est dans un continuel changemenr. 2°. Parceque les milieux par où passe l'image de ce même objet pour venir à nous, sont trompeurs. 3° Parceque la fidélité de nos sens est douteuse. 4°. Les organes des sens sont infidéles. 5°. Le cerveau & la conformation de la tête est différente dans bien des hommes. 6°. La fidélité de l'entendement est douteuse, parceque la nature de l'entendement nous est inconnuë.

Une même réponse pourroit suffire pour les différentes raisons, dont cette seconde preuve est composée, & pour les preuves suivantes.

On ne nie point que les choses ne soient dans un continuel changement, on dit seulement qu'elles sont telles qu'elles nous paroissent dans l'instant où nous les appercevons, ce qui suffit. La fidélité des sens n'est point douteuse; les organes des sens ne sont point trompeurs, lorsqu'ils sont sains: & lorsqu'ils nous trompent, soit à cause de l'éloignement où nous sommes de l'objet dont ils nous font le rapport, soit à cause de leur infirmité, notre entendement a des regles sûres pour connoître si le rapport qu'ils nous font alors est faux ou véritable. La différente conformation du cerveau & de la tête chez les hommes & les différentes nations, peut faire que quelques-uns ont plus d'idées & font plus capables de réfléxion que quelques autres ; mais ne les empêchent pas de juger également de quantité de choses, & la conformation de la tête n'influe pas plus fur le cerveau que le boitier d'une montre fur fon mouvement : puifque nous en voyons de rondes, d'ovales ou d'autres formes, qui font également bonnes. Voici la preuve de tout ce que j'avance, qui fera connoître que quoiqu'un même objet paroiffe quelques-fois plus petit à un homme qu'à un autre, & qu'un même homme le voye quelques-fois plus petit d'un œil que d'un autre, il eft cependant vray que nous le voyons tous de la même maniere, c'eft-à-dire fous les mêmes angles.

Je vois un loup & je juge que c'eft un loup : un peintre au même inftant voyant le même loup à peu près du même point de vuë que moi, en fait le portrait sans que je le sçache; il me montre ensuite son ouvrage, j'y reconnois sans peine ce même loup que j'ai déja vû, & je conclus qu'il lui a paru sous les mêmes traits qu'à moi. Et le peu de différence que je remarque entre la copie & l'original, vient; premierement, de ce qu'il n'a pas pû voir ce loup précisément du même point de vuë que moi, parcequ'il ne pouvoit pas le voir de la même place que j'occupois alors, ce qui est démontré par cet axiome, *deux corps ne sçauroient occuper le même lieu dans le même instant.* Et secondement parcequ'il n'étoit pas assez habile dans son art pour représenter ce loup précisément sous les mêmes traits que lui & moi l'avons vû dans le même moment.

Pour ce qui est des différents milieux par où passent les images qui partent des objets pour venir à nous qui apportent quelques différences dans ces mêmes objets, il suffit que notre entendement nous fasse connoître les raisons de cette différence. Lorsque nous voyons par éxemple un objet blanc au travers d'un verre bleu, il est tout naturel de conclure que l'image de ce verre bleu nous étant renvoyée comme celle de l'objet blanc, & étant plus près de nous, doit colorer l'image de ce même objet blanc à qui elle sert, pour ainsi dire, de couverture & d'enveloppe. Il sera aisé à chaque lecteur de se rendre raison des autres phénomênes.

Enfin l'on n'est point en droit de dire, que les jugemens que forme notre entendement sont incertains, parce que la nature de notre entendement nous est inconnuë.

Tout ce qui dérive des premieres propositions évidentes par elles-mêmes, est aussi évident, &

très certain. Il n'eſt pas néceſſaire de connoître la nature de notre entendement, pour ſçavoir ſi le jugement qu'il a porté ſur quelque ſujet eſt véritable; mais ſeulement ſi ce jugement eſt conforme aux premieres vérités qui doivent nous ſervir de régle : de même qu'un homme qui auroit reçû un coup de bâton, qui ſeroit parti d'une haie, ou de quelqu'endroit obſcur, & qui n'auroit vû que le bâton ſe lever & tomber enſuite ſur ſes épaules, n'auroit point beſoin de connoître la nature de celui qui le lui a donné, pour être aſſuré qu'il a reçû un coup de bâton.

Réponſe à la 3ᵉ. preuve.

Notre auteur triomphe dans cette troiſiéme preuve, & en effet elle paroît d'abord d'une difficulté inſurmontable. Vous voudrez bien vous reſſouvenir, Madame, qu'il commence par établir que l'essence des choses nous est absolument inconnuë ; car on ne peut, dit-il, connoître l'essence d'une chose si l'on ne connoît en quoi elle convient, & en quoi elle diffère des autres choses, c'est-à-dire si l'on ne connoît son genre & sa différence ; or on ne peut connoître le genre d'une chose ni sa différence, c'est-à-dire en quoi elle convient, ou elle diffère d'avec une autre chose, si l'on ne connoît l'essence de l'une & de l'autre ; le genre & l'essence ont donc besoin l'un de l'autre pour être connus, & la connoissance d'une chose inconnuë dépend d'une chose inconnuë.

Puisque M. Huet, convient qu'on ne peut connoître l'essence d'une chose si l'on ne sçait en quoi elle convient & en quoi elle diffère d'avec une autre chose, c'est-à-dire si l'on ne connoit son genre & sa différence, il est inutile qu'il ajoûte qu'on ne peut connoître ce genre & cette différence, si l'on ne connoît l'essence de cette autre chose, & il devroit chercher auparavant s'il peut connoître ce genre & cette différence qui lui feront connoître l'essence de la chose qu'il cherche. Or, je dis que si l'on peut connoître en quoi une chose convient ou diffère d'avec une autre, on pourra aussi connoître l'essence de toutes les deux : lorsque je veux, par exemple définir la Divinité, en termes généraux, je dis que c'est un être qui éxiste éternellement & toujours de la même maniere, & lorsque je parle de l'homme, je dis que c'est un être qui n'éxiste point éternellement de la même maniere, mais qui éprouve au contraire un continuel changement. Voilà le genre qui est l'éxistence commune à Dieu & à l'homme, & voilà la différence, qui est l'immutabilité dans Dieu & le continuel changement dans l'homme, & ce genre & cette différence me font connoître l'essence de ces deux êtres, que je définis ainsi : *l'essence de Dieu est d'éxister éternellement, de la même maniere. L'essence de l'homme est d'éxister dans un continuel changement.*

Lorsque je voudrai discourir sur des choses qui seront plus à ma portée, sans vouloir me servir de cette définition des philosophes, *l'homme est un animal raisonnable*, parce qu'il seroit trop long & peut-être trop difficile d'approfondir cette question, *si l'homme a seul la raison en partage* : je me contenterai de le définir ainsi, *l'homme est un être organisé qui a en soi le principe de son mouvement.*

La premiere partie de cette définition, *l'homme est un être organisé*, établit le genre & la différence, c'est-à-dire en quoi l'homme convient ou différe en général des autres choses, qui dit *estre* dit ce qui éxiste, & voilà le genre, c'est-à-dire ce que l'homme a de commun avec tous les autres êtres, qui est l'éxistence, mais il est organisé, & voilà en quoi il différe de la pierre, de l'arbre, du fer, &c. On peut objecter qu'on a vu des êtres organisés, ou si l'on veut des machines faites par d'habiles ouvriers qui représentoient des hommes, & qui cependant n'étoient pas des hommes : alors on employra cette définition dans son entier, *l'homme est un estre organisé, qui a en soi le principe de son mouvement.* L'homme est un être organisé, voilà le genre, c'est-à-dire ce qu'il a de commun avec les machines dont vous parlez, mais il renferme en soi le principe de son mouvement, & voilà en quoi il différe de ces mêmes machines organisées qui ont besoin d'être montées pour agir. Si vous demandez en quoi il différe du cheval & du bœuf, qui sont aussi des êtres organisés qui ont en eux le principe de leur mouvement, le philosophe vous répondra que c'est seulement par la forme, & la foi vous apprendra que c'est par la raison & par le pouvoir qu'il a de faire le bien & le mal.

Réponse aux 4, 5, 6 & 7e. preuves.

JE dirai peu de choses des 4e, 5e, 6e & 7e preuves, parce qu'elles ne sont que des répétitions de la seconde preuve & que je crois y avoir suffisamment répondu. L'auteur du traité philosophique établit ses raisons de douter; *quatriéme preuve*, sur ce que les choses dont nous voulons acquerir la connoissance sont dans un continuel changement, & cessent d'être les mêmes à chaque instant ; *cinqiéme preuve*, sur ce que l'homme qui veut juger de ces choses est lui-même très-variable, d'où naît la grande diversité d'opinions chez tous les hommes ; *sixiéme preuve*, parce qu'on ne peut connoître une chose que par une autre, & ainsi de même en remontant jusqu'à une premiere cause qui nous sera également inconnuë ; *septiéme preuve*, parce que nous n'avons point de criterium ou régle de vérité.

Je répondrai, premierement, ce que j'ai déjà dit plus haut : on ne nie point que les choses ne soient dans un continuel changement, on dit seulement qu'il suffit qu'elles soient telles qu'elles nous paroissent dans l'instant où nous les appercevons, & c'est de quoi nous sommes assurés, parce que nos sens ne nous trompent point lorsque nous appellons du rapport qu'ils nous font au tribunal de la raison. Si une tour quarrée me paroît ronde de loin, mon expérience m'apprend à suspendre mon jugement, j'approche & je découvre, à la distance convenable, quelle est sa forme ; si quelque dérangement dans l'organe ou le peu d'air qui me sépare de cette tour & par lequel son image passe pour venir à moi, me font douter qu'elle soit parfaitement quarrée, au moyen de quelqu'opération géométrique, je m'assure de sa véritable forme, & je porte alors de la figure de cette tour un jugement d'autant plus juste, que le rapport de mes sens se trouve confirmé par le raisonnement.

2°. On ne devroit point avancer qu'il n'y a aucune certitude parce que les hommes sont changeants, & qu'ils ont des opinions entierement opposées sur les mêmes sujets : qu'on éxamine bien on verra qu'ils conviennent tous sur les choses qu'ils peuvent connoître avec une entiere certitude, & qui sont à leur portée. Personne ne s'est avisé peut-être de soûtenir que deux & deux ne font pas quatre, & que le tout n'est pas plus grand que sa partie, &c. Si quelques-uns ont paru douter de ces premieres vérités qui doivent nous servir dé régle de vérité : on peut être persuadé qu'ils étoient de mauvaise foi, & il n'est pas difficile d'appercevoir ce qui les faisoit agir, ils avoient hazardés quelques principes dont ils n'étoient pas bien sûrs, sur lesquels ils avoient bâti leurs systêmes, & s'appercevant ensuite que ces principes étoient opposés aux premieres vérités, ils avoient mieux aimé tâcher d'obscurcir ces mêmes vérités, que de convenir qu'ils avoient eu tort.

3°. Qu'un Pyrrhonnien dise que nous ne sçavons peut-être rien, avec une parfaite certitude, que nos sens nous trompent peut-être, & tout ce qui vient d'être dit sur ce sujet, il parle un langage qui lui convient, mais lorsqu'il avance hardiment que nous ne pou-

vons connoître une chose que par une autre, & cette autre par une autre encore, & ainsi de même en remontant jusqu'à l'infini, il me semble qu'il donne des armes contre lui ; car on peut lui dire, si vous affirmez qu'on ne peut connoître une chose que par une autre, &c. vous croirez cette raison convaincante & démonstrative pour prouver que nous ne pouvons rien connoître avec certitude, & alors vous serez toujours certain d'une chose, c'est que nous ne pouvons rien sçavoir avec certitude ; si vous donnez au contraire vos raisons comme de simples conjectures, il sera aisé de les détruire, puisque la connoissance de notre éxistence nous vient du sentiment même de notre éxistence, que nous n'avons eu besoin d'aucune autre connoissance pour l'acquerir, & que c'est par ce sentiment même de notre éxistence que nous sommes parvenus

venus à la connoissance de plusieurs vérités incontestables qui peuvent nous servir de criterium ou régle de vérité.

4°. Quand Mr. Huet, dit que nous ne pouvons pas sçavoir si le criterium que nous cherchons a des marques certaines de vérité, si nous ne connoissons la vérité, & qu'il faut avoir trouvé la vérité pour trouver le criterium, & avoir trouvé le criterium pour avoir trouvé la vérité : on sent bien que ce n'est qu'un jeu de mots, dès qu'une vérité s'est présentée à nous avec évidence, nous connoissons la vérité, & cette vérité ainsi connuë peut servir de régle de vérité par tout où elle est applicable.

Réponse à la huitiéme preuve.

C'est ici que l'auteur du traité philosophique s'efforce de prouver qu'il n'y a rien d'évident.

Premierement, parce qu'on dispute contre l'évidence, & secondement parce que les objets qui se présentent à l'esprit de ceux qui sont endormis, qui sont yvres & qui sont fous, sont aussi évidents que les objets qui se présentent à l'esprit de ceux qui sont éveillés, qui sont à jeun & qui sont dans leur bon sens ; c'est pourquoi il ne fait aucune difficulté de conclure que puisqu'il n'y a rien de si évident qu'il paroisse évident à tout le monde, il n'y a point d'évidence.

Ce raisonnement tombera de lui-même si on prouve, comme on l'a déjà fait, qu'il y a quelques vérités évidentes par elles-mêmes, & pour tout le monde : or je demande s'il y a quelqu'un qui puisse dire que deux & deux ne font pas quatre, ou qui puisse nier qu'il sente qu'il éxiste ? si personne n'en peut disconvenir, nous serons donc persuadés chacun en particulier de notre propre éxistence; je sçai qu'on peut me répondre que ce qui est évident pour l'un ne l'est pas pour l'autre; je connois évidemment, me direz-vous, que j'exifte, parce que je le sens, mais je peus nier que vous éxiftiez, parce que je ne le sens pas; cependant votre éxistence eft une vérité évidente pour vous, donc que l'on difpute contre l'évidence.

Avant de répondre à cette objection, il eft bon d'obferver qu'il en eft des vérités, que nous pouvons connoître, comme de nos idées, les unes nous viennent par la fenfation, & les autres par la fenfation & la réfléxion; or ces dernieres ayant befoin qu'on y réfléchifle férieufement pour les connoître, il n'eft pas furprenant qu'on difpute tous les jours contre des vérités évidentes qu'on ne s'eft pas affez donné la peine d'éxaminer; on n'en eft pas plus en droit de dire pour cela qu'on dispute contre l'évidence, ni d'en conclure qu'il n'y a point d'évidence.

Nous voici arrivés, je l'avoue, au raisonnement le plus éblouissant que nos adversaires puissent former contre nous, *les objets qui se présentent à l'esprit de ceux qui sont endormis, qui sont yvres & qui sont fous, sont aussi évidents que les objets qui se présentent à l'esprit de ceux qui sont éveillés, qui sont à jeun & qui sont dans leur bon sens.* Quelles conséquences cependant en peuvent-ils tirer raisonnablment, que les objets qui se présentent à l'esprit de ceux qui sont endormis, qui sont yvres & qui sont fous, les frappent autant & même davantage que les objets qui se présentent à l'esprit de ceux qui sont éveillés, qui sont à jeun & qui sont dans leur bon sens ? on en convient, mais on ne persuadera jamais que ce soit une raison pour prouver que nous ne pouvons acquerir la connoiſſance d'aucune vérité par le raiſonnement, puiſqu'il eſt des vérités d'éxiſtence telles que celle-ci, *je ſens, donc je ſuis, donc que j'éxiſte*, & quantité d'autres dont on ſe ſert avec ſuccès pour acquerir la connoiſſance de quantité de vérités de jugement.

En voici un éxemple: je veux ſçavoir s'il y a d'autres êtres que moi dans le monde, pour m'en aſſurer, je raiſonne ainſi. Je n'ai de connoiſſance de mon éxiſtence que parce que je la ſens, je la ſens parce que des objets extérieurs me la font ſentir, donc que ces objets extérieurs éxiſtent. Je ſçais que quelques perſonnes ont imaginé que rien n'éxiſte peut-être hors de nous, & que les différents objets que nous croyons voir, entendre, toucher, ne ſont que des perceptions de notre entendement, mais cela eſt abſurde.

Comment peut-on se rendre raison des faits, avec un pareil système, lorsque par exemple on est à se divertir avec ses amis & dans les meilleures dispositions du monde pour gouter le plaisir, & qu'une lettre écrite de cent lieuës de l'endroit où l'on est alors, vient tout d'un coup changer ces heureuses dispositions, & jetter le trouble & le désespoir dans notre ame, en nous apprenant la mort d'un de nos meilleurs amis ? Comment un astronome pourra-t-il prédire une éclipse qui ne doit arriver que dans mille ans ? Comment un autre astronome cent ans après la mort du premier, pourra-t-il examiner les calculs de son prédécesseur, les trouver éxacts, & prédire la même éclipse pour la même année, le même mois, la même minute, & comment enfin ceux qui naîtront dans des temps aussi reculés, pourront-ils trouver que la prédiction étoit juste & en appercevoir les raisons, s'il n'y a pas des êtres qui éxistent tels que les étoiles & les planettes qui ont un cours réglé, & dont les distances & les aspects se retrouvent toujours les mêmes après certaines révolutions ? A propos de quoi les perceptions de l'entendement des hommes qui vivront je suppose en 2752 se trouveront-elles dans le même arrangement & dans le même ordre que celles de cet astronome qui aura vêcu en 1752, c'est-à-dire mille ans auparavant ?

Je crois qu'en voilà assez sur ce sujet, revenons à dire que ceux qui dorment, ceux qui sont yvres & ceux qui sont fous, ne voyent rien avec évidence, puisqu'il n'y a que la réfléxion & le raisonnement qui puissent faire voir avec évidence, & qu'ils en sont privés.

Qu'on explique les rêves de la maniere qu'on voudra ; je suppose en cette sorte. Lorsque nous dormons & que notre entendement ne fait plus de fonctions, les esprits animaux parcourent dans le cerveau les traces que les objets que nous avons apperçu auparavant, y ont imprimées, & même les traces que notre entendement y a formé ; mais comme nous n'avons pas alors l'usage de la raison pour comparer de certaines idées qui conviennent entr'elles, en rejetter quelques autres, & en tirer des conséquences conformes aux premieres vérités qui doivent nous servir de régle, il arrive que la plûpart de nos rêves sont monstrueux, que nous aurons cru par éxemple avoir vu mourir une personne, & que le moment d'après nous l'aurons revuë vivante, & causant familierement avec nous ; que nous nous serons crus transportés tout d'un coup d'un endroit, à un autre fort éloigné ; ce qui vient de ce que notre entendement n'agissant plus,

plus, les esprits animaux parcourent les traces imprimées dans le cerveau sans ordre & sans suite, d'où naît la confusion de nos idées. Après avoir expliqué nos rêves en cette sorte, qui me paroît la plus naturelle de toutes, ne serons-nous pas en droit d'assurer que ceux qui dorment ne voyent rien avec évidence, puisque l'évidence ne sçauroit se trouver où régne la confusion ? lorsque nous sommes éveillés, & que nous nous rappellons nos rêves, il nous est aisé de nous appercevoir de cette confusion : je sçais que nous pouvons avoir quelquefois des rêves suivis, parce qu'il n'est pas impossible que les esprits animaux parcourent successivent les traces de plusieurs idées fort près les unes des autres & liées les unes aux autres ; mais nous sommes obligés d'avouer, si nous avons quelque bonne foi, que nous avons plusieurs moyens de nous convaincre

G

de leur fausseté, quand ce ne seroit qu'en nous informant auprès de certaines personnes des choses que nous avons rêvé nous être arrivées en leur présence.

On peut dire des yvrognes, des fous, des prétendus sorciers, & de tous ceux, dont le jugement est dérangé par quelqu'accident, ce qu'on vient de dire de ceux qui sont endormis. Les somnambules ne sont pas dans le même cas, ils ne marchent sur les toîts & dans des lieux qu'ils connoissoient auparavant, avec tant de circonspection, que parce qu'ils ne sont pas entierement privés de l'usage de leur raison, il leur arrive cependant souvent des accidents & je crois qu'on peut les comparer aux quinze-vingts qui vont d'un bout de Paris à l'autre sans y voir goute.

Réponse à la neuvième preuve.

La raison de douter proposée par Descartes, n'a de force qu'autant qu'il est prouvé qu'il y a un Dieu, & que ce Dieu est trompeur. Voilà comme je raisonne ; il n'y a pas de Dieu ou il y en a un : s'il n'y a pas de Dieu, il n'a pas pu nous faire de telle sorte que nous nous trompions toujours ; s'il y en a un, comme cela n'est pas douteux, il faut éxaminer s'il est trompeur ou s'il ne l'est pas : or la seule preuve que j'aie de la Divinité par le raisonnement, est l'orde admirable que je découvre dans l'univers, qui me fait penser que Dieu est bon, juste & ennemi du mensonge, s'il a toutes ces qualités il n'a donc pas pû me tromper.

En vain l'auteur du traité philosophique, alléguera-t-il pour la défense de Descartes, que Dieu en nous créant de telle sorte que nous nous trompions toujours, nous fait connoître en même-tems que nous ne pouvons rien connoître avec certitude à cause de l'infidélité de nos sens & de la foiblesse de notre raison, & que par-conséquent il n'est pas plus trompeur que celui qui vendant une maison, bâtie de mauvais matériaux & ruineuse, la donneroit pour telle à l'acquereur ; outre qu'on en pourroit tirer cette conséquence contre le système des Sceptiques, que nous sçavons du moins avec certitude & par le moyen de Dieu, que nous ne pouvons rien sçavoir, c'est qu'il seroit encore absurde de penser que Dieu éxigeât de certaines créatures faites pour se tromper, des devoirs & leur consentement pour des vérités qu'elles seroient incapables de connoître.

Réponse à la dixiéme preuve.

C'est une pétition de principe,

dit Mr. Huet, que de vouloir prouver par raison, que la raison est certaine.

C'est par des vérités incontestables & évidentes par elles-mêmes qu'on prouve la certitude de la raison.

Réponse à la onziéme preuve.

Je me servirai pour réfuter cette preuve des paroles de son auteur dans une objection qu'il se fait à lui-même, & qu'il résout ensuite assez mal.

Les raisonnements, surtout ceux en forme de démonstration, sont certains ; car ou les arguments que vous apportez, pour prouver qu'ils sont incertains, le prouvent ou ne le prouvent pas; s'ils le prouvent, puisque prouver par argument, c'est démontrer, il faut que vous avouyez qu'il y a des démonstrations ; s'ils ne le prouvent pas, puisque vous aurez entrepris vainement de prouver qu'il n'y a point de démonſtrations, vous ſerez forcé d'avouer qu'il y a des démonſtrations.

Réponſe à la douziéme preuve.

Il eſt peut-être prudent de ne s'attacher à aucune ſecte des Dogmatiques, puiſqu'ils s'accordent ſi peu; mais on ne doit pas pour cela abandonner la recherche de la vérité, ni faire ſes efforts pour la méconnoître lorſqu'on l'a trouvée.

Réponſe à la treiziéme preuve.

Le grand nombre des fameux philoſophes qui ſe ſont trompés en doutant de tout, ne doit point nous engager à en faire autant.

Voilà, Madame, ce que j'avois à dire ſur le livre de Mr. Huet, j'attens le jugement que vous en porterez avec la derniere impatience, je ſuis, &c.

QUATRIEME LETTRE.
Sur l'éxiftence de Dieu.

Quoique rien ne foit mieux prouvé par le fecours de la raifon que l'éxiftence d'un Dieu tout bon, tout jufte, intelligent & tout-puiffant; il n'y a cependant point de vérité qui ait été plus combatuë que celle-la. On ne comprend pas même, que des gens de beaucoup d'efprit & d'une probité fi reconnuë qu'on ne fçauroit les accufer de mauvaife foi, ayent pu tomber dans les erreurs de l'atheïfme : cela ne viendroit-il point de ce qu'on n'auroit employé pour les convaincre, que des hypothéfes & des fuppofitions ou douteufes ou faciles à renverfer, au lieu de fe fervir de raifonnemens fimples & convainquans.

Les méditations de Malebranche & de Descartes sont en effet moins propres à ébranler le matérialisme, que la physique expérimentale qui nous prouve que le monde n'est point un Dieu, mais une machine dont on découvre tous les ressorts.

Celui qui entreprend de parler de l'éxistence de Dieu trouve d'abord deux especes de gens à combattre, dont il faut détruire les sentimens: les épicuriens & les spinosistes. Epicure croyoit qu'il n'y avoit point de Dieu, que la matiere étoit éternelle, que l'univers avoit eu un commencement, & devoit son origine au concours fortuit des atomes & à leur agitation continuelle dans le vuide. Spinosa, dont le système qui n'est pas nouveau, est le plus méthodique de tous, croyoit le monde éternel, qu'il n'y avoit qu'une seule & même substance dans l'univers, qu'il appelloit Dieu, & qu'il admettoit comme cause nécessaire de tout ce qui arrive. Tous les êtres que nous appercevons, n'étant, selon lui que des modifications de cette même substance unique & infinie en tous sens.

Je crois qu'on peut comprendre dans ces deux classes tous les differens athées. Quoi qu'il y ait eu fort anciennement & qu'il y ait encore des sectes qui ayent retranché ou ajouté à ces deux differens systêmes, & quelquefois pris de l'un & de l'autre pour s'en former un particulier, toutes ont également pour but d'anéantir l'idée d'un être intelligent, créateur & conservateur de cet univers.

Je commencerai par le systême d'Epicure : & pour vous mettre plus promptement au fait, je suppose que vous ayez affaire à un athée de sa secte déjà pressé par la force de vos raisons : voici à peu près le discours qu'il vous tiendra & que j'ai tiré en partie des pensées philosophiques.

Je vous dis qu'il n'y a pas de Dieu, que l'éternité de la matiere ne répugne pas davantage que l'éternité d'un esprit, que parce que je ne conçois pas comment le mouvement a pû engendrer cet univers, qu'il a si bien la vertu de conserver ; il est moins ridicule d'avoir cette opinion, que de lever cette difficulté, par l'éxistence supposée d'un être que je ne conçois pas davantage & que vous supposez éxister sans parties ; ce qui est opposé aux notions les plus communes. Je vous dis, que si les merveilles qui brillent dans l'ordre physique décelent quelqu'intelligence. Les désordres qui régnent dans l'ordre moral anéantissent toute providence ; & que si tout est l'ouvrage d'un Dieu, tout doit être le mieux qu'il est possible : car si cela étoit autrement, ce seroit en Dieu impuissance ou mauvaise volonté.

Si j'oppose à ces objections,

qu'il n'est point besoin d'éxaminer les desseins de Dieu, ni d'entrer dans ses décrets qui sont si fort au-dessus de nous, mais qu'il suffit que l'idée de la divinité soit innée en nous, & qu'elle soit empreinte dans notre ame par la main de Dieu même, avant même que notre esprit ait pû connoître ou réfléchir sur quelque chose que ce soit; si j'allégue le sentiment unanime de tous les hommes qui réconnoissent tous un être suprême, ne m'exposerai-je pas aux réponses les plus humiliantes de la part de l'athée; & ne sera-ce pas un désagrément pour moi d'avoir entrepris la défense de la bonne cause, & de l'avoir embrouillée & renduë douteuse par la foiblesse de mes raisons.

Il ne manquera pas en effet de me répondre, que nous n'avons point d'idées innées, que si, comme le remarque très-bien Loke, nous en avions quelqu'unes, telle que celle-ci, *il est impossible qu'une chose soit & ne soit pas en mêm temps*. Les enfans & les idiots s'en apperceveroient, & que nous voyons au contraire plusieurs marques de raison dans les enfans avant qu'ils puissent sentir la vérité de cet axiome, & qu'il y a eu des peuples barbares qui n'y ont jamais pensé.

Je veux bien supposer, me dira-t-il, que tous les hommes s'accordent sur certaines vérités d'éxistence, telles que celles-ci, *deux & deux font quatre. Il est impossible qu'une chose soit & ne soit pas en même temps :* encore qu'il soit aisé de faire voir que ces idées nous viennent par la sensation & la réfléxion, vous n'en serez pas plus avancé ; la connoissance de l'éxistence de Dieu, que vous supposez dans le même cas, n'y est nullement : il est si peu vrai que cette idée ait un consentement général de la part de tous les hommes, que dans le nombre de ceux qui en ont ouï parler ; il y a eu plusieurs philosophes qui passoient pour des gens d'esprit, & dont la conduite paroissoit irréprochable, qui l'ont rejettée, & que des nations entieres n'en ont eu aucune connoissance ; c'est ce qui nous est rapporté entr'autres, des habitans des isles marianes, & confirmé par plusieurs rélations de gens non suspects, & qui avoient de la divinité la même idée que vous : d'ailleurs une multitude de vérités me sont démontrées sans replique, & l'éxistence de Dieu est encore un problême pour moi ; me seroit-il donc moins avantageux d'être éclairé sur ce sujet, que d'être convaincu que les trois angles d'un triangle sont égaux à deux droits.

Vous m'avouerez, Madame, que vous seriez bien embarrassée, si malgré ces faits allégués & notoires à tout le monde, il vous falloit convaincre cet athée, de cette proposition, *que le consentement unanime de tous les hommes sur l'éxistence de Dieu en est une démonstration*, pendant qu'il vous assureroit qu'il est une exception à la régle qui lui suffit pour la démentir.

Il n'est donc pas question, comme je l'ai dit, d'établir des hypothéses non prouvées & démenties par les faits, pour défendre la bonne cause, il ne faut pas non plus entrer en dispute sur la nature de Dieu & sur d'autres sujets qui passent notre portée ; & l'on doit se restraindre à lui prouver ces deux propositions-ci. Premierement : La nécessité d'un être intelligent, souverainement bon, juste, tout-puissant, mais incompréhensible. 2^{ent}. L'impossibilité qu'il y a que cet univers, tel que nous l'apercevons, & l'ordre qui y régne depuis si longtemps sans se démentir, puissent être l'effet d'un hazard aveugle, & du concours fortuit des atomes.

Considérons un peu qu'elles peuvent être les raisons des épicuriens pour soûtenir que l'arrangement de cet univers a pu être produit par le concours fortuit des atomes.

Il n'est pas plus impossible, diront-ils, le mouvement étant essentiel à la matiere, que le monde résulte du jet fortuit des atomes, que l'Iliade d'Homére ou la Henriade de Voltaire du jet fortuit des caractéres. Suivant l'analyse des forts, on ne doit point être surpris qu'une chose arrive dès qu'elle est possible, & que la difficulté de l'événement est plus que suffisamment compensée par la quantité de jets; il y a tel nombre de coups avec lesquels on peut parier avec avantage d'amener cent mille six à la fois avec cent mille dez, d'c ils concluerons hardiment que l'arrangement des parties de la matiere qui forme l'univers tel que nous le voyons, est une de ces combinaisons possibles qui a pû être produite par le jet fortuit des atomes qui de toute éternité se jouent, tombent & se précipitent les uns sur les autres dans l'espace immense du vuide.

Je ne pourrai m'empêcher de convenir de la justesse de son raisonnement à certains égards : il est en effet aussi possible que cet univers résulte du jet fortuit des atomes, qu'il est possible que la Henriade résulte du jet fortuit des caractéres, dès que la difficulté de l'événement sera plus que suffisamment compensée par la quantité de jets ; mais en suivant la même comparaison, je lui demanderai à mon tour, vous devez supposer les caractéres (dont a pû être formée la Henriade) dans un continuel mouvement ; sans doute me répondroit-il : cela posé, si je vous accorde, continuerai-je, que la Henriade est une de ces combinaisons possibles qui a pu se rencontrer après une multitude d'autres combinaisons produites par la con
nuelle

tinuelle agitation des caractéres, vous ne pourrez vous empêcher de convenir auffi, que cette combinaifon ne pourra fubfifter qu'un moment, & qu'elle fera obligée de faire place à une quantité d'autres combinaifons toutes différentes.

Je vous laiffe maintenant tirer la conféquence, & fi vous héfitez encore, je n'en ferai pas moins perfuadé que quand il feroit poffible que cet univers eut pu être produit par le concours fortuit des atomes, il n'en feroit pas moins certain cependant qu'il ne peut en être l'ouvrage : car s'il en êtoit l'ouvrage, il cefferoit bientôt d'être ce qu'il eft pour faire place à un autre arrangement tout oppofé. Nous voyons au contraire qu'il fubfifte toujours le même depuis très long-temps. Les femences ne s'alterent point, & le retour des faifons qui eft fi bien reglé, amene régulierement chaque chose en son temps ; la rose au printemps ; le bled dans l'été ; les raisins & les fruits dans l'automne ; l'hiver même a son utilité : c'est un temps où la terre se repose, les pluies & les neiges de cette saison lui fournissent de nouveaux sels & de nouvelles forces pour entretenir & produire de nouveaux êtres.

Concluons donc que cet univers n'est point l'ouvrage d'un hazard aveugle, ni du mouvent qui tend plutôt à le détruire qu'à le conserver. D'où il s'ensuit que n'ayant pu deviner, ni ce qui l'a produit, ni ce qui le conserve, vous êtes obligé de recourir à une cause inconnuë, plus puissante que le mouvement essentiel à la matiere, puisqu'elle conserve l'ordre & l'arrangement de ce même univers malgré les loix du mouvement ; & cette cause toute puissante dont la nature nous est inconnuë répond à l'idée que je me suis formée de Dieu, qui ne pourra manquer de me paroître un être, non-seulement nécessaire, non-seulement tout-puissant, souverainement bon & juste, mais encore tout-prévoyant, & tout-intelligent, lorsque je jetterai les yeux sur ses ouvrages.

Quel autre que lui peut avoir persuadé aux hommes, qu'il leur étoit souvent avantageux ou nécessaire, de renoncer à leur interêt particulier pour concourir au bien général ; sans quoi toute leur vie se passeroit dans un désordre & une inquiétude affreuse, & dans un malheur continuel ? comment l'univers se repeupleroit-il, si une sage providence n'avoit pas engagé chaque individu à produire son semblable par l'attrait du plaisir qui le porte à rechercher, aimer & se joindre à la créature qui doit y concourir avec lui ? les petits des animaux mourroient quelques instants après leur naissance, si Dieu n'imprimoit dans le cœur de leurs parens un sentiment de tendresse qui les engage à se donner tous les soins dont ils sont capables pour la conservation de leur progéniture.

Ce qui prouve la bonté de cette divine providence, c'est que les preuves de son éxistence sont sensibles, sous les yeux de tout le monde, & à la portée de tout le monde, d'où vient que les simples & les villageois sont ceux qui en sont le plus persuadés. Les philosophes ne renoncent au bon sens, aux lumieres naturelles & aux preuves sensibles qui leur sont offertes, que pour chercher & créer des hypothéses qui puissent en imposer aux autres, & les faire passer pour des hommes extraordinaires & d'un génie au-dessus du commun. Téméraires mortels ! cessez de vous plaindre de l'auteur de votre être ; ses ouvrages, les plus vils en apparence, l'aîle d'un papillon, l'œil d'un ciron prouvent auſſi bien ſon intelligence & ſon éxiſtence, que l'arrangement du cerveau du plus ſubtil philoſophe.

Voilà, Madame, une partie des choſes qu'on peut répondre à l'athée épicurien : il n'eſt pas ſi aiſé de ſe tirer d'affaire avec le Spinoſiſte.

Selon Spinoſa, il n'y a qu'une ſeule & même ſubſtance indiviſible & néceſſaire : cette ſubſtance il l'appelle Dieu & tous les êtres qui compoſent l'univers, & que nous ſerions tentés de prendre pour autant de ſubſtances, ne ſont que des parties ou modifications de la divinité ; d'où il s'enſuit que tout ce qui arrive n'eſt qu'une ſuite néceſſaire de cette ſubſtance unique qui eſt Dieu, & qu'il ne peut y avoir de différence entre le bien & le mal moral.

Il entend par ſubſtance, *ce qui eſt en ſoi & qui eſt conçu par ſoi-même.* Par attribut, *ce que l'entendement se représente comme constituant l'essence de la substance. Par mode, les affections d'une substance, ou ce qui est dans un autre, par lequel il est conçu.*

» Dieu, selon Spinosa, est un » être absolument infini. » Il dit absolument infini & non pas dans son genre, parce que s'il ne l'étoit qu'en son genre, il y auroit quelque chose hors de lui qui ne seroit pas lui, au lieu qu'étant absolument infini; tout ce qui exprime quelqu'essence que ce soit, appartient à la sienne, & qu'on ne peut rien imaginer qui ne soit partie de lui-même, sans quoi il ne seroit pas parfaitement infini.

Une chose libre est encor, selon lui, " ce qui éxiste par la seule
,, nécessité de sa nature, & qui
,, n'est déterminée à agir que par
,, soi : au lieu qu'une chose né-
,, cessitée ou contrainte, est celle
,, qui est déterminée par une au-
,, tre à éxister & à agir d'une

,, maniere certaine & détermi-
,, née. ''

Il s'enfuit de ces définitions (felon Spinofa) premierement : qu'une fubftance ne peut être produite par une autre, puifqu'on définit la fubftance, *ce qui eft en foi, & qui eft conçu par foi-même*, & que tout ce que nous voyons n'étant que des attributs ou modifications de cette fubftance unique, il ne peut y avoir dans le monde deux fubftances du même attribut. 2°. Que Dieu eft cette fubftance unique, caufe néceffaire de tous les êtres, & qu'étant infini en tous fens, il a une infinité d'attributs. 3°. Que la matiere que nous définiffons par chofe étenduë & la penfée, font ou fes attributs, ou les manieres d'être de fes attributs ; auffi bien que tous les êtres particuliers qu'on appelle créatures. 4°. Que Dieu eft caufe néceffaire de tout, c'eft-à-dire qu'il n'agit point par la liberté de sa volonté, mais par la nécessité de sa nature. 5°. Que n'y ayant rien hors de Dieu, Dieu n'agit qu'en lui-même, & point du tout au dehors. 6°. Que Dieu ne peut faire que ce qu'il fait ; & que tout ce que nous voyons, n'a pu être produit d'une autre maniere, ni dans un autre ordre, à moins que les hommes n'imaginent quelque chose de mieux, & que Dieu ou la nature, n'ayent pas atteint le degré de perfection dans leurs ouvrages. 7°. Qu'il ne peut y avoir de miracles, puisque ce mot signifie communément un événement contre l'ordre & les loix de la nature, & que la croyance aux miracles conduit naturellement à l'athéïsme, parce que l'ordre & les loix de la nature n'étant que la nature nécessaire de Dieu même, en renversant l'idée de l'ordre & des loix de la nature, vous détruisez l'idée de la Divinité. 8°. Qu'il ne peut y avoir de péché en premier lieu,

lieu, parce que si l'on prend le péché pour ce qui est opposé à la volonté de Dieu, il y a contradiction, en ce que Dieu n'agit point par la liberté de sa volonté, mais par la nécessité de sa nature, & que tout arrive comme il doit arriver, & n'est qu'une suite nécessaire de cette nature immuable. En second lieu, parce que si l'on prend le péché pour ce qui se fait contre les régles de la raison, l'homme n'est nullement obligé de se conduire par la raison; qu'autrement tous les hommes s'y conduiroient, les loix de la nature n'étant que les loix de Dieu même qui est nécessaire & immuable : c'est pourquoi l'ignorant, le stupide, l'insensé, le passioné & l'emporté ne sont pas plus obligés de droit naturel à vivre selon la raison, qu'un homme accablé de maladies est obligé d'avoir une parfaite santé.

Tel est, en substance, le systême de Spinofa que j'ai tiré de plufieurs auteurs fameux, qui ont cherché à le réfuter, & entr'autres du pere Lamy, Bénédictin : ce qu'il y a de fingulier, c'eft qu'avec des maximes qui tendent à anéantir les vertus & les crimes, & autorifent par confequent toutes fortes de défordres, Spinofa a toujours vêcu en parfait honnête homme, felon le monde, ne fe laiffant point du tout gouverner par fes paffions, & fe montrant pour toutes fortes de perfonnes également fincére, doux, poli, defintereffé, affable, charitable, tant il eft vrai que l'idée de la vertu eft fi invifiblement imprimée dans nos cœurs, que les paffions peuvent bien l'affoiblir, mais que les livres & les plus forts argumens des impies ne ne fçauroient en détruire le fentiment.

Auffi Spinofa prêche-t-il fouvent l'éxercice de la vertu, la connoiffance & l'amour de Dieu ;

mais il faut voir le sens qu'il donne à ces paroles, qui n'est nullement opposé à ses principes; selon lui, agir par vertu, c'est agir selon les régles de la raison ; mais la la raison ne demande rien que ce qu'éxige la nature, c'est-à-dire que la raison & la nature demandent également, « qu'on s'aime » soi-même, qu'on cherche en » tous son avantage, qu'on ne » travaille qu'à la conservation » de son être propre, & qu'on ne » desire rien que par rapport à » cela. »

C'est cette vertu-là que Spinosa prétend qu'on doit rechercher pour elle-même, parce qu'il n'y a rien hors d'elle qui puisse nous être plus avantageux qu'elle-même, « le prix de la vertu, dit-il, » est la vertu même. » Voilà une morale bien facile & bien relâchée, à peine y apperçoit-on un seul mot qui indique les devoirs de la société, & c'est lorsqu'il dit *qu'il faut chercher en tous son avantage.* Une telle vertu ne mérite guéres d'être recherchée pour elle-même, & l'on ne doit point s'étonner de ce que dit Spinosa dans d'autres endroits, que les commandemens & les loix ne sont que pour les gens grossiers & les stupides, & nullement pour es personnes éclairées & les philosophes qui sçavent que Dieu n'agit & ne régle toutes choses que par la nécessité de sa nature.

J'ai cherché à mettre le systême de Spinosa dans tout son jour, en n'admettant cependant que ce que des auteurs connus & respectables en ont écrit, & j'ai suivi en cela le systême de Monsieur le Comte de Boullainvilliers qui avoue dans sa préface de la réfutation de Spinosa, que « puisqu'on » ne travaille que pour la vérité » & pour trouver la vérité, il ne » sert de rien de diminuer la for- » ce des raisons qu'on lui oppose.

« J'ai, dit-il, poussé le raisonne-
» ment de Spinosa aussi loin que
» je l'ai pû porter & je me suis
» bien gardé d'affoiblir ses dé-
» monstrations, étant persuadé
» que rien ne peut nuire à la vé-
» rité, & que pour la faire briller
» dans tout l'éclat qui lui appar-
» tient, il est bon qu'on lui op-
» pose quelquefois, sinon d'épaisses
» ténébres, (car le contraste seroit
» trop fort,) du moins les fausses lu-
» mieres d'un orage impétueux
» qui pour quelques momens,
» semble devoir éblouir la raison
» & la nature. »

La vérité n'a pas manqué de défenseurs, plusieurs sçavans hommes ont attaqué avec succès le systême de Spinosa, Monsieur de Boullainvilliers avoue cependant que les réfutations qu'il en a luës ne l'avoient point satisfait & qu'elles l'avoient au contraire in- duit à juger, ou que leurs auteurs n'avoient pas voulu mettre la doctrine qu'ils combattoient dans une évidence suffisante, ou qu'ils l'avoient mal entenduë.

Effectivement, quelques-uns ont combattu ce premier principe de Spinosa, sur lequel roule tout son systême ; *il n'y a qu'une substance unique & indivisible qui est Dieu.* En établissant de haute lute cet autre principe : *la pensée est absolument distincte de la matiere, puisqu'on peut se faire une idée de l'une sans penser à l'autre ; il y a donc deux substances, la pensée & la matiere ; mais aucune de ces deux substances n'a pu donner l'être à l'autre, il faut donc en reconnoître une troisiéme qui est Dieu.* Un Spinosiste ne manqueroit pas de leur répondre que puisqu'ils ne peuvent pas comprendre que la matiere, ou si l'on veut la chose étenduë & la chose pensante, ayent pu se donner l'être l'une à l'autre, il faut qu'elles soient l'une & l'autre des attributs ou modes & manieres d'être de la substance unique qui est Dieu. On sent bien qu'il se tromperoit ; mais enfin il raisonneroit conséquemment à ses principes, il faut donc chercher à détruire ses principes avant d'en établir d'autres.

Quelqu'autres ont donné des définitions si sublimes de l'être suprême, que bien des gens n'y peuvent rien comprendre: en voici une d'un homme bien respectable par son état & son mérite personnel. *L'être infiniment parfait est un, simple, sans composition, donc il n'est pas des êtres infinis, mais un être qui est infiniment être.*

Bayle est soupçonné de n'avoir pas entendu Spinosa, dont il combattoit les sentimens, ou de ne s'être pas soucié de les combattre sérieusement: c'est ce qu'observe fort judicieusement l'auteur du traité des systêmes. « A-t-il cru, » dit-il, refuter Spinosa en lui op- » posant les conséquences qu'il tire

» du systême de ce philosophe ? » mais si ces consequences ne sont » pas des suites de ce systême, ce » n'est plus Spinosa qu'il attaque, » & si elles en sont des consequen- » ces, Spinosa répondra qu'elles ne » paroissent absurdes qu'à ceux » qui ne sçavent pas remonter aux » principes des choses : détruisez, » dira-t-il, mes principes si vous » voulez renverser mon systême, » ou si vous laissez subsister mes » principes, convenez de la vé- » rité de mes propositions qui en » sont des suites nécessaires. »

C'est donc les principes & les axiomes de Spinosa, qui ne sont nullement évidents, qu'il faut attaquer ; c'est le chemin qu'a suivi l'auteur du traité des systêmes, & celui que je me propose de suivre dans le peu de choses qui me restent à dire sur ce sujet ; pour arriver au but que je me suis proposé de faire voir, que le systême de Spinosa est fondé non sur des axiomes qui doivent être évidents par eux-mêmes & incontestables, mais sur des suppositions & des pétitions de principe. Quand je ne réüssirois qu'à faire voir qu'il est fondé sur des principes douteux, cela suffiroit pour le rejetter vû les conséquences pernicieuses & abominables qui en résultent, telles que l'abandon & la destruction totale des religions & de la morale.

Je ne me flate assurément pas d'être plus capable de cette entreprise que les hommes respectables qui ont écrit sur ce sujet, & dont je reconnois le mérite & les lumieres infiniment supérieures aux miennes ; mais j'espere qu'ayant plus de facilité qu'eux, parce que je suis à même de profiter de ce qu'ils ont écrit, je pourrai ajoûter des raisons aux leurs & fournir peut-être à d'autres occasion d'en vouloir faire autant, d'où il pourra résulter que rassemblant ces différentes raisons, le système de Spinosa, (dont on sent plus l'absurdité qu'il n'est facile de l'exprimer,) se trouvera entièrement détruit.

Spinosa, qui étoit peut-être un des plus grands génies qui ait paru, est tombé dans l'erreur, parce qu'il a voulu pousser les connoissances humaines au-delà des bornes qui leur sont prescrites. Son premier tort, sans contredit, a été de renoncer à la foi qui décide d'un seul mot des questions & des difficultés qu'un philosophe a trop de peine à résoudre. Je penserois volontiers que Spinosa, après avoir renoncé à la foi, tomba d'abord dans les erreurs des épicuriens, parce qu'il ne pouvoit résoudre la question du bien & du mal moral; mais il avoit trop d'esprit pour y rester long-temps, il ne manqua pas de se dire à lui-même ; " quand j'accorderois que ,, l'arrangement des parties de ce

„ vaste univers est l'ouvrage du
„ mouvement qui est essentiel à
„ la matiere ; enfin une de ces
„ combinaisons possibles qui a
„ pû être produite par le con-
„ cours fortuit des atomes, je
„ ne puis me dissimuler que le
„ mouvement ne pourroit le con-
„ server ; car si je suppose que
„ l'agitation des atomes dans le
„ vuide a pû produire une telle
„ combinaison, je dois conclure
„ que leur agitation continuant
„ toujours d'être la même, il
„ doit en résulter à chaqu'instant
„ des combinaisons entierement
„ opposées & toutes nouvelles.
„ Je suis donc obligé de chercher
„ une autre cause de cet univers
„ qui ait le pouvoir de le con-
„ server malgré les loix mêmes
„ du mouvement. „

Un raisonnement aussi sensé auroit dû le conduire à admettre un être tout-puissant, bon, juste & intelligent ; il en avoit des preuves sensibles dans l'ordre admirable qui régne dans l'univers : Dieu est tout-puissant, puisqu'il ne trouve rien au-dessus de lui qui l'empêche de faire ce qu'il veut. Il est bon, puisqu'il a mis dans le cœur de tous les animaux un sentiment de tendresse qui les porte à prendre soin de leurs petits, tant qu'ils ont besoin d'eux, & qu'il a voulu que tous nos besoins fussent des plaisirs pour nous engager à nous conserver. Il est juste, puisqu'il a donné également à toutes les créatures, les moyens de se conserver. Enfin il faut qu'il soit intelligent pour avoir pû faire que tous les êtres dépendissent mutuellement les uns des autres, & pour avoir disposé toutes les choses dans l'arrangement admirable où nous les voyons.

Voilà sans doute le fruit qu'il devoit retirer de ses premieres réfléxions ; mais ne pouvant se contenter de nos connoissances bornées,

& trouvant également de la répugnance à croire que le mal vient d'un être souverainement bon, (s'il est vrai que tout vienne de lui,) ou à admettre deux principes presqu'égaux en puissance, l'un du bien, l'autre du mal, il aima mieux penser qu'il n'y avoit ni bien, ni mal moral, parce que Dieu n'étoit que la cause nécessaire de ce que nous voyons & que tout arrive comme il doit nécessairement arriver ; il forgea donc dès-lors un système par lequel il prétendoit pouvoir se rendre raison de tout. Or, il n'est pas bien difficile, lorsqu'on établit tel principe qu'on veut, sans s'embarasser d'en démontrer l'évidence, d'en tirer aussi toutes les conséquences dont on a besoin pour bâtir un système ; mais comme les conséquences d'un principe douteux sont douteuses, & que celles d'un principe faux sont fausses, quelque liaison qu'il y ait entr'elles & leur principe, il faudroit pour que le systême de Spinosa pût avoir quelque force, qu'il fût appuyé sur un principe évident & incontestable, & je crois qu'il n'est pas difficile de faire voir le contraire.

L'axiome ou le principe sur lequel Spinosa fonde tout son systême, est celui-ci. *La substance est ce qui est en soi & qui est conçu par soi-même :* qui dit axiome, dit une vérité tellement évidente par elle-même qu'elle ne puisse être contestée, & qu'elle se trouve toujours juste de quelque maniere qu'on s'en serve & à quelque cas qu'on l'applique. Prenons pour exemple celui-ci : *le tout est plus grand que sa partie* ; il est évident qu'un tout, renfermant toutes les parties dont il est composé, est aussi grand que toutes ses parties prises ensemble, & plus grand qu'une de ses parties en particulier. Voilà donc une vérité qui se démontre, si l'on peut parler ainsi, par elle-même, & qui se confirme par toutes les applications qu'on en peut faire. Or, l'axiome de Spinosa est bien différent, quand on lui passeroit cette définition qu'il donne de la substance. *La substance est ce qui est en soi & qui est conçu par soi-même.* Nous allons voir, ou que le sens de cette définition est douteux, ou qu'il en fait une mauvaise application.

Sa définition de la substance est amphibologique, & l'on est d'abord en droit de demander qu'il s'explique ; s'il entend par ces mots, *ce qui est en soi & qui est conçu par soi-même*, une substance qui peut seule concevoir quelle est sa nature, cette définition ne peut s'appliquer qu'à Dieu, & à Dieu tout intelligent, puisqu'il est le seul être qui puisse concevoir quelle est sa nature ; s'il entend au contraire par ces mots, *qui est conçu par soi-même*, une substance qu'on puisse concevoir par elle-même, parce qu'elle n'a pas besoin de l'idée de quelqu'autre chose pour être conçuë, cela ne peut s'appliquer qu'à la matiere dont l'essence consiste dans la solidité & dans l'étenduë; qualités dont nous nous appercevons immédiatement par le ministére de nos sens.

Puisque par les deux sens différens que renferme cette définition de Spinosa, l'on peut établir deux substances, l'une intelligente qui peut seule concevoir quelle est sa nature, & dont nous n'avons d'idées que par ses ouvrages, & l'autre aveugle dont nous concevons la nature par elle-même, parce que son essence consiste dans la solidité & dans l'étenduë; qualités dont on s'apperçoit immédiatement par le ministére des sens, puisque l'obscurité des paroles de Spinosa, nous fournit dis-je l'idée de deux substances si différentes,

différentes ; de quel droit nous assure-t-il qu'il n'y en a qu'une seule, & qu'une substance n'a pu être produite par une autre, parce qu'il ne comprend pas comment la matiere a pu être produite par l'être intelligent & tout-puissant ? Il eut été encore moins criminel d'avancer que la matiere étoit coéternelle avec la Divinité, que d'assurer que l'une & l'autre ne faisoient qu'une même substance ; Dieu ou l'être tout intelligent & tout-puissant, eut été du moins selon lui le maître & l'ordonnateur de la matiere de toute éternité.

J'en reviens à dire que si par ces mots, *qui est conçu par soi-même*, il veut parler d'une substance qui seule peut concevoir quelle est sa nature, il n'a pas pu connoître quelle étoit la nature de cette substance & encore moins en donner une juste définition, & si l'on m'objecte que je fais dire à Spinofa ce qu'il n'a jamais penfé, & que par ces mots, *ce qui eft conçu par foi-même*, il entend, *ce dont l'idée pour être formée n'a pas befoin de l'idée de quelqu'autre chofe*: je répondrai qu'il n'y a que la matiere dont on puiffe donner cette définition, puifque nous nous appercevons de fa folidité & de fon étenduë qui conftituent fon effence immédiatement par le miniftére de nos fens, & que par conféquent nous la concevons par elle-même, au lieu que l'dée de Dieu ne nous eft venuë qu'en voyant l'arrangement des parties de cet univers, & que nous avons eu befoin pour nous en former l'idée de l'idée de quelqu'autre chofe.

Enfin pour faire voir l'abfurdité du fyftême de Spinofa, il ne faut que mettre fous les yeux les conféquences qu'il en eût tiré lui-meme s'il eut raifonné jufte. *La fubftance eft ce qui eft en foi & qui eft* conçu par soi-même, c'est-à-dire, ce dont l'idée pour être formée n'a point besoin de l'idée de quelqu'autre chose. Or cette substance unique, telle qu'on la vient de définir, ne peut être que la matiere qui n'a pas besoin pour être conçuë de l'idée de quelqu'autre chose, donc que c'est la matiere qui selon Spinosa doit être cause nécessaire de tout, & que la pensée & Dieu même n'en sont que des attributs ou des modifications.

CINQUIE'ME LETTRE.

Sur l'origine du bien & du mal, & sur la morale.

L'Origine du bien & du mal moral, quelle est-elle ?
Cette question faite depuis si long-temps & si souvent répétée, a donné l'idée des deux principes

indépendants l'un de l'autre & se combattans sans cesse ; l'un souverainement bon qui veut toujours le bien, & l'autre mauvais qui veut toujours le mal, & d'où le mal procéde. Telle est l'opinion de Zoroastre, de Platon, de Plutarque, des Manichéens, & même à ce qu'on prétend de quelques Chrétiens qui passoient pour orthodoxes, puisque la religion chrétienne enseigne que tout vient de Dieu, qu'il est tout-puissant, tout bon, juste, intelligent & immuable, & qu'elle admet cependant le mal moral, qui ne peut venir de Dieu qui ne peut produire que de bonnes choses.

Ce Dogme cependant en lui-même est monstrueux, puisqu'il admet deux principes également puissans qui se font la guerre ; les Chrétiens à la vérité n'admettent qu'un seul principe tout bon & tout puissant qui ne peut faire que le bien : d'où vient donc le mal ? peut-on leur dire ? ils répondent qu'il eſt venu par l'homme ; mais comment cela peut-il ſe faire puiſque l'homme eſt l'ouvrage de Dieu, qui étant tout bon ne peut produire le mal, ni rien qui puiſſe le produire, puiſque ce ſeroit toujours être la premiere cauſe du mal ?

Ajoutez à cela que lorſqu'ils diſent que l'homme en ſortant des mains de Dieu étoit bon, mais que ſa nature s'eſt corrompuë, & qu'il ne faut chercher le mal que dans l'intérieur de l'homme, on peut toujours leur répondre, qu'eſt-ce qui l'y a mis ? l'homme n'a rien qu'il n'ait reçu ; puiſque ſelon eux il n'éxiſtoit pas avant la création, donc que le bien & le mal lui viennent de Dieu, ou que le bien ſeul venant de Dieu, le mal vient de quelqu'autre cauſe aſſez puiſſante pour le maintenir contre un être que vous dites cependant souverainement bon & souverainement puissant. D'ailleurs, si le mal est propre à l'homme, ou il fait partie de la substance de son ame, ou il lui vient de dehors : s'il fait partie de sa substance il vient donc de Dieu qui l'a crée : s'il ne fait pas partie de sa substance il vient donc d'une cause étrangere assez puissante, comme on a dit, pour le faire subsister, malgré un être que vous dites souverainement bon & tout-puissant ; ce qui est contradictoire.

Ceux qui disent que le mal étoit nécessaire pour donner lieu à la bonté & à la justice de Dieu de se manifester, & que s'il n'y avoit point de vices il n'y auroit point de vertus, se trompent assurément ; car si Dieu a permis le mal, qu'il pouvoit empêcher, uniquement pour donner lieu à sa justice d'agir, il seroit cruel & aussi peu juste qu'un Roi, qui ayant pu prévenir les factions de ses sujets &

les faire vivre dans l'obéïssance & dans le bonheur, les auroit laissés croître jusqu'au point d'occasioner des meurtres pour avoir, après, le plaisir de les subjuguer & de les punir rigoureusement, seulement pour donner lieu à sa puissance & à sa justice d'agir : & pour ce qui est de dire, que s'il n'avoit pas permis les vices, il n'y auroit aucunes vertus : en leur accordant leur principe, on les met dans le cas de ne pouvoir nier les conséquences suivantes, qui en dérivent naturellement. S'il n'y a de bien qu'autant qu'il est opposé au mal, & s'il n'y a point de vertu parce qu'il n'y point de vices, il n'y aura aucune vertu chez les Anges, & même chez la Divinité, parce qu'il n'y aura point de vices, ce qui peut s'appliquer à plus forte raison aux élus ; ainsi après le jugement dernier qu'il n'y aura plus que des damnés une fois jugés & qui n'auront plus la liberté de faire le mal, & des élus; il n'y aura plus aucune vertu, même en paradis, parce qu'il n'y aura plus de vices: ou si l'on conçoit que malgré cela il y ait des vertus, il pouvoit donc y en avoir avant l'origine du mal qui n'étoit point nécessaire; ainsi Dieu n'ayant pas eu besoin de le permettre, & nous ne pouvant pas nier cependant qu'il éxiste, nous sommes obligés de conclure, que c'est parce qu'il n'a pas pu l'empêcher. Et voilà les deux principes établis.

Plutarque, en disputant contre ceux qui disent qu'il falloit que Dieu permît les vices pour qu'il y eût des vertus, les refute solidement & plaisamment. "Je ,, m'étonne, dit-il, qu'ils ne di- ,, sent aussi, que quand on cra- ,, che les poumons, ce n'est que ,, pour le bon portement ; que ,, la goutte est pour la bonne dis- ,, position des pieds, & qu'A- ,, chilles

,, chillès n'eut pas été chevelu, si
,, Thersite n'avoit pas été chau-
,, ve; car quelle différence y a-t-il
,, entre ceux qui alléguent ces
,, folies & rêveries-là, & ceux qui
,, disent que le libertinage n'a été
,, permis que pour la continen-
,, ce, l'injustice pour la justice,
,, &c. " Il a raison : car si d'un côté cela donne lieu à peu de personnes de montrer leur continence & leur justice ; d'un autre côté, une multitude d'autres s'adonnent aux plus affreux désordres & aux injustices les plus criantes : c'est donc avouer que Dieu a permis, pouvant l'empêcher, une multitude infinie de maux, pour donner lieu à une très petite quantité de biens & de bonnes actions.

Les peres de l'Eglise avoient coûtume de refuter les hérétiques qui croyoient les deux principes, en leur répondant que le mal ne venoit point de Dieu, mais du mauvais usage du franc arbitre de l'homme ; à quoi ayant fait les mêmes réponses qu'on a déja vuës, que Dieu ayant prévû ce qui devoit arriver, il n'en avoit pas moins créé l'homme quoique rien ne l'y obligeât, & qu'il sçût bien qu'il le mettroit dans le cas de la damnation éternelle ; Origéne répliqua qu'une créature intelligente qui n'auroit pas joüi du libre arbitre auroit été immuable & immortelle comme Dieu ; mais il ne faisoit pas réfléxion qu'on peut lui répondre deux choses : Premierement, qu'il falloit mieux ne point créer l'homme que de le faire avec tous les inconveniens qui s'y trouvoient ; qu'en second lieu, il n'est pas vrai qu'une créature intelligente qui n'auroit point l'usage du libre arbitre seroit immuable & immortelle comme Dieu : puisque ce seroit avouer que les saints dans le paradis, qui sont toujours déterminés au bien, & n'ont pas la liberté de faire le mal, auroient ces deux attributs d'immutabilité & d'immortalité au même dégré que Dieu; ce qui n'étoit pas, à ce qu'on croit, l'intention d'Origéne.

Voilà, Madame, le procès sur l'origine du bien & du mal moral suffisamment instruit par les raisons que j'ai rapportées & que m'ont fournies quelques auteurs, & particulierement Bayle dans son dictionnaire à l'article des Manichéens. S'il m'étoit permis de dire mon avis sur un sujet aussi grave & aussi important, je croirois que les chrétiens n'auroient eu rien de mieux à faire que de répondre à leurs adversaires, ce qui fut dit par quelqu'un de très bon sens, aux fidéles assemblés pour le Concile de Trente " JESUS-
,, CHRIST & les Apôtres ne
,, nous ont pas enseigné les sub-
,, tilités de la dialectique, ni les

,, finesses du raisonnement, mais une doctrine claire & nette qui s'est conservée par la foi & les bonnes œuvres. " Et voilà, sauf votre meilleur avis, comme je résoudrois la question sur l'origine du bien & du mal moral vis-à-vis de quelqu'homme que ce fût.

Vous êtes chrétien, lui dirois-je, ou vous ne l'êtes pas : si vous avez le bonheur d'être chrétien, c'est-à-dire si vous êtes bien persuadé des preuves de la révélation, vous devez suivre aveuglément ce qu'elle vous enseigne, & vous devez penser que ce qui vous paroît aller contre la bonté & la justice de Dieu, est cependant très juste & très bon, & que Dieu a eu ses raisons pour vous cacher des choses qu'il ne vous est pas permis d'approfondir : si vous n'avez jamais été à même d'être instruit de la vraie réligion, (ce qui peut être,) vous devez penser que

Dieu est trop juste & trop bon pour ne vous avoir pas donné une régle de conduite ; & la seule lumiére naturelle doit vous faire connoître que tout bien vient de Dieu qui a établi cet ordre merveilleux que nous voyons régner dans l'univers ; & que le mal vient de l'homme qui par ignorance, ou par passion, veut quelquefois renverser cet ordre que Dieu conserve par des moyens naturels ; d'où il est aisé de conclure qu'il a fallu des loix pour contenir les hommes dans le devoir, pendant cette vie, pour les faire revenir de leurs égaremens, & les punir même sévérement des fautes qu'ils commettent volontairement contre le bien de la societé, & qu'après leur mort ils seront punis pour les mêmes fautes, non pas éternellement, mais dans une juste proportion à leurs bonnes ou mauvaises actions ; sans quoi la justice de Dieu ne seroit point éxercée, puisque l'on voit souvent prospérer dans cette vie des hommes qui mériteroient d'être punis du dernier supplice, pendant que d'honnêtes-gens sont contraints de vivre dans le malheur & dans l'opprobre, & périssent quelquefois sur un échaffaut; il est bien vrai que le remords dans un criminel est un ver rongeur qui ne l'abandonne point, & que le témoignage d'une bonne conscience console l'innocent & l'aide à supporter des maux qui peuvent également arriver aux méchans & aux honnêtes-gens; mais on peut croire avec raison que cela ne suffit point à la justice divine.

Nous venons de voir, Madame, que les chrétiens qui ont le bonheur d'être bien persuadés des preuves de la révélation, doivent se soumettre aveuglément à ce qu'elle leur enseigne, croire fermement que Dieu ne peut faire rien que de bien & de juste, & que ce qu'il nous ordonne de croire ne nous paroît quelquefois opposé aux idées que nous avons de sa bonté & de sa justice, que parce que nous ne sçaurions pénétrer les motifs qui le font agir. Nous venons de voir aussi, que celui qui n'auroit jamais été à même d'être instruit de la vraie Réligion, pourroit par le secours de sa raison se faire un systême qui laisseroit subsister le bien & le mal moral; sans admettre le dogme aussi monstrueux qu'impie des deux principes, & sans blesser la justice, ni la bonté de Dieu; qui nous empêche d'aller plus loin, & devoir encore que pour les uns & pour les autres il y a des régles de morale & de justice pour la conduite de la vie, & que l'être suprême a imprimé dans nos cœurs un sentiment qui nous porte naturellement au bien?

Nous devons croire que Dieu, tout-intelligent & tout-puissant, auroit pu, s'il l'eut voulu, créer un monde dont tous les différens êtres qui l'auroient composé, ne se seroient jamais écartés de l'ordre qu'il y auroit établi : mais sa grandeur demandoit sans doute que dans le nombre de ces êtres de toute espece, il y en eut de libres, c'est-à-dire, qui pussent se décider dans les occasions par la liberté de leur volonté & lui rendre volontairement des hommages. C'est cette liberté accordée aux hommes qui les rend capables du mal moral, qu'un philosophe auroit droit de définir, (*un attentat contre l'ordre.*) Il a donc fallu que Dieu qui prévoit tout & qui ne fait rien d'inutile, en même-temps qu'il a crée les hommes libres, les ait doués aussi de la raison qui leur fait discerner le bien d'avec le mal, le juste d'avec l'injuste : mais comme le discernement du bien & du mal pouvoit tout au plus porter les hommes à établir des loix qui les continssent dans le bon ordre autant qu'il est possible, & qu'il ne manque pas d'occasions où ils peuvent faire impunément des injustices sans que cela parvienne à la connoissance des juges qui sont commis pour l'éxécution des loix, ou que ces mêmes juges peuvent quelquefois par foiblesse ou par méchanceté absoudre des coupables ou condamner des innocens. Il est encore tout naturel de penser que Dieu, pour satisfaire pleinement à sa bonté & à sa justice, s'est reservé de faire droit aux uns & aux autres dans une autre vie, c'est-à-dire de punir les coupables & les mauvais juges, & de récompenser les innocens qui auront souffert injustement.

Qu'il y ait des préceptes de morale fondés sur la raison, & que de leur observation ou de leur inéxécution dépende notre bonheur ou notre malheur dans cette vie & même dans l'autre, c'est ce qu'une personne de bon sens ne sçauroit nier : ils se présentent en foule ; en voici deux entr'autres : 1°. *Ne faites point à autrui ce que vous ne voudriez pas qu'on vous fît*, c'est-à-dire, ne lui faites point d'injustice, parce que vous ne voudriez pas qu'on vous en fît. 2°. *Les autres ne nous doivent pas plus que nous ne leur devons ;* D'où il s'ensuit que si nous voulons que les autres nous soient utiles, il est juste, & même nécessaire pour notre bonheur, que nous cherchions à leur être utiles aussi. On doit joindre à ces deux préceptes & à quantité d'autres qui sont répandus dans nos livres de morale, celui-ci, qui nous vient de la bouche de Dieu même, & qui renferme ainsi qu'il nous l'annonce, la loi & les prophétes : *Aimez votre prochain comme vous même, & Dieu pardessus toutes choses.*

Je dis de plus que Dieu a imprimé dans nos ames un sentiment qui nous porte incessamment au bien. La bonté de l'être souverainement parfait ne s'est point bornée à nous donner la raison qui nous fait discerner le bien d'avec le mal: il étoit nécessaire que nous eussions des passions pour agir, la vivacité de nos passions devoit souvent offusquer notre raison, il falloit donc un sentiment intérieur pour balancer ces mêmes passions & ce sentiment si heureux; ce germe de toutes les vertus est la pitié que tout homme ne manque point d'éprouver lorsqu'il voit souffrir un malheureux, à moins que l'interêt, la vengeance ou un endurcissement qui n'est pas l'ouvrage de peu de jours, ne l'en empêche.

Ceux qui disent que la pitié n'est point un sentiment que la nature a gravé dans nos ames & qu'il ne nous vient que par la réfléxion qui nous fait penser, en voyant les maux dont quelqu'un est accablé, qu'il peut nous en arriver autant; ceux dis-je qui voudroient nier que la tendresse & la pitié sont des sentimens qui nous sont naturels, auroient je crois bien de la peine à rendre raison, pourquoi il y a des personnes naturellement plus tendres & plus compatissantes les unes que les autres, puisque selon eux ce sentiment ne nous vient que par la réfléxion & que nous voyons quelquefois que les personnes les plus simples & qui réfléchissent le moins sont les plus tendres & les plus compatissantes.

Il seroit inutile de leur citer des éxemples de gens qui ont eu pitié de quelqu'autres qu'ils voyoient souffrir quoiqu'ils ne pussent jamais se trouver dans le cas de ces infortunés, c'est ce qui arriveroit cependant à un homme plein d'humanité en voyant une pauvre femme qui lui feroit inconnuë, dans les douleurs de l'enfantement, ils répondroient fans doute que quoique cet homme pût être fûr de ne jamais reffentir de pareilles douleurs, il ne pourroit s'empêcher de fe rappeller qu'il eft fujet à d'autres infirmités qui peuvent lui procurer la mort. Mon intention n'eft point de nier que ce retour fur nous-même ne foit un puiffant motif pour reveiller notre pitié, il étoit jufte affurément que nous fuffions les plus intereffés à notre confervation, parce que nous fommes plus à portée que qui que ce foit pour y veiller; mais il étoit jufte auffi, Dieu voulant que nous puffions former des focietés qu'il imprimât dans nos ames un fentiment qui nous porte à aimer nos femblables & à les fecourir dans les occafions, feulement par amour pour la juftice & pour eux-mêmes, & c'eft ce qu'on ne fçauroit nier raifonnablement si l'on fait attention que ce sentiment tel que je viens de le dépeindre est imprimé fortement dans le cœur des animaux, puisqu'ils rendent à leurs petits, jusqu'à ce qu'ils puissent se passer d'eux, tous les services qui leur sont nécessaires quoiqu'il soit très décidé qu'ils ne se retrouveront jamais dans l'état d'enfance où sont ceux-ci : d'ailleurs nous ne les soupçonnons pas d'agir par réfléxion, & quand ils en seroient capables, elle les porteroit plutôt à abandonner leurs petits qu'à se donner pour leur conservation, des soins pénibles ou desagréables ; il faut donc qu'un sentiment auquel ils ne peuvent resister les y détermine.

Pourquoi voudrions-nous en être privés ? Notre espece seroit-elle moins bien partagée que le reste des animaux ? Ne voyons-nous pas les meres chérir leurs enfans dès qu'ils sont nés, & dans un temps où ils ne peuvent leur causer que de l'embarras, ne possédant encore aucunes qualités aimables ou utiles pour se faire aimer ? Ce sentiment des parens pour leurs enfans, étendons-le à tous les hommes en général, & ne balançons point à croire avec Platon que les gens les plus tendres sont les plus vertueux. Quoiqu'il ne faille pas prendre à la lettre ce que dit ce philosophe dans son phœdon, où il établit la métempsicose, assurant que nos ames après notre mort passeront dans d'autres corps d'hommes & de femmes, il marque neuf différens états humains qui leur seront destinés suivant leurs vertus & leurs vices, & ne manque pas de mettre dans la premiere classe les parfaits amans, & les tirans dans la derniere, c'est-à-dire, qu'il reconnoît les premiers pour les plus vertueux, & les autres pour les plus scélérats de tous les hommes.

Cette derniere pensée me plaît trop pour ne pas finir ma lettre en cet endroit : c'est pourquoi je suis, &c.

SIXIEME LETTRE.

Sur les atomes & la divisibilité de la matiere à l'infini.

IL ne faut pas croire, Madame, que la question qui se présente sur les atomes puisse être traitée ni approfondie avec autant de facilité & de clarté que celles qui ont fait la matiere de mes précédentes lettres sur *la connaissance de notre éxistence, des vérités d'éxistence & la nécessité d'un être suprême tout-puissant & intelligent* : nous ne sçaurions douter de notre éxistence, ni de celles des corps qui nous la font sentir & l'ordre que nous voyons dans l'univers suppose nécessairement une cause intel-

intelligente pour avoir pu l'établir, & toute puiſſante pour le conſerver malgré l'agitation continulle des parties de la matiere qui ne peut occaſionner que le changement & la confuſion; nos ſens & notre raiſon s'accordent pour nous faire appercevoir & juger de ces vérités, mais lorſque nous voulons aller plus loin & découvrir de quelle maniere ce même univers a été formé, quels ſont les premiers principes des choſes & par quel art un ordre ſi merveilleuſement établi peut être conſervé, il ſemble que la Divinité, qui a voulu nous forcer à remonter juſqu'à elle & à nous y arrêter, ait été joloufe & nous ait ôté les moyens de ſçavoir, avec une parfaite certitude, des choſes dont elle s'eſt peut-être reſervée entierement la connoiſſance.

J'eſſayerai cependant de vous faire connoître les raiſons qui m'ont

M

déterminé à être du sentiment d'Epicure, (pour ce qui est de la nature des atomes seulement,) & à rejetter le systême du plein & de la matiere subtile de Descartes qui me paroît insoûtenable.

Les atomes ou petits corps impalpables & indissolubles, que bien des gens regardent comme les premiers principes inaltérables des choses, doivent être indivisibles, non-seulement à cause de leur petitesse, mais principalement encore à cause de leur solidité & de leur dureté, ne renfermant aucun vuide au-dedans d'eux-mêmes qui puisse donner entrée à une force étrangere capable de les diviser & de les détruire, ils doivent être aussi extrêmement variés, c'est-à-dire, qu'il doit y en avoir une très-grande quantité de formes toutes différentes pour pouvoir se joindre, s'accrocher les uns aux autres, & par ce moyen former les semences de chaque chose, d'où vient que l'accroissement de tous les corps n'est produit que par un nouvel assemblage des atomes, & que la ruine de ces mêmes corps n'arrive que par leur desenchaînement & leur fuite.

Descartes & les partisans de sa philosophie se récrient fort contre cette définition de l'atome. " il ne peut y avoir, disent-ils,
,, des atomes ou parties de la ma-
,, tiere indivisibles, car on ne
,, sçauroit imaginer une particule
,, de la matiere si petite qu'elle
,, n'ait quatre côtés qui regar-
,, dent l'orient, le midy, le cou-
,, chant & le nord ; or divisez une
,, telle particule de matiere, cha-
,, que partie que vous en aurez re-
,, tranché aura également quatre
,, faces qui regarderont les qua-
,, tre parties du monde ; on pour-
,, ra donc faire encore une nou-
,, velle division ; on en pourra
,, même faire jusqu'à l'infini, puis-

,, qu'on doit juger qu'une chose
,, est divisible dès qu'on conçoit
,, clairement & distinctement qu'-
,, elle peut être divisée : tout ce
,, qui est étendu, ayant des par-
,, ties, peut donc être divisé.

Quelque spécieux que paroisse ce raisonnement, il doit être restraint à ceci; sçavoir, qu'il n'y a point de si petite partie de la matiere qui ne puisse être divisée & subdivisée par la toute-puissance de Dieu ; mais s'il est vrai (comme il est très-probable) que Dieu ait voulu qu'il y eût de petits corps indivisibles & inaltérables qui pussent être les premiers principes des choses, je ne crois pas qu'il soit possible de prouver que ces mêmes corps puissent être divisés par quelqu'autre puissance que ce soit, même par l'imagination.

Je dis en premier lieu qu'il paroît indispensable qu'il y ait des atomes ou premiers principes des choses indivisibles, inaltérables, & de figures très-variées, sans quoi les especes de chaque chose ne seroient point différentes les unes des autres, & ne conserveroient point cette différence sans jamais se mêler, ni s'altérer.

Si les principes des choses étoient sujets à la dissolution comme leurs composés, nous verrions des especes d'animaux disparoître & se perdre tout d'un coup & pour toujours, pour faire place à d'autres especes nouvelles & toutes différentes, ce qui n'est point; car tous les êtres ne sont point engendrés indifféremment de toutes sortes de semences, chaque être est produit par la puissance particuliere de son principe; dans l'œuf d'un oiseau sont contenus tous les oiseaux qui en peuvent naître & rien autre chose; un grain de bled ne peut produire que du bled, le gland d'où sort le chêne orgueilleux ne fait point naître le melon qui rampe, & la graine de ce dernier ne produit point le chêne, tant il est vrai que leurs principes sont inaltérables & indissolubles.

Je dis en second lieu que la matiere n'est point divisible à l'infini, même par l'imagination, elle ne pourroit l'être que par la toute-puissance de Dieu, & nous venons de voir que l'être suprême a voulu qu'il y eût des principes incorruptibles, inaltérables, & par conséquent indivisibles.

Ceux qui soutiennent que la matiere est divisible à l'infini, ont coutume de faire cette objection. *Divisez tel nombre qu'il vous plaira par la moitié, cette moitié par la moitié, ainsi à l'infini, il demeurera toujours un reste.*

Réponse.

Ce reste est indivisible. La matiere ne pourra être divisée qu'autant qu'il y aura un diviseur capable de le faire ; or je dis qu'elle ne peut pas l'être à l'infini, même par l'imagination, car ce que quelqu'un divisera par l'imagination, cessera d'être divisé dès que son imagination se lassera de le diviser. En vain m'objectera-t'on qu'une autre personne recommencera la division au même point où le premier sera resté, cela est impossible ; par quel art pourra-t-on faire connoître, à cette autre personne, le point d'où elle doit partir ? quelle infinité de calculs cela n'entraineroit-il pas ? de quels signes pourroit-on se servir pour empêcher qu'on ne les oubliât ?

Une autre objection plus sensible que la premiere, est celle-ci : *On vous donne à faire le chemin de Paris à Saint Denis ; le premier jour vous irez, si vous voulez, jusqu'à une toise de l'endroit proposé, mais ensuite on exige de vous, que vous ne faissiez chaque jour que la moitié du chemin de la veille, vous n'arriverez jamais, parce qu'il vous restera toujours à faire la moitié du chemin que vous aurez fait la veille.*

Réponse.

Je n'irois point à Saint Denis si je ne me mettois en mouvement pour cela, (vérité incontestable,) je me suppose, donc, après plusieurs jours de marche, arrivé à un pouce de l'endroit proposé, le lendemain à un demi pouce, & ainsi de suite, jusqu'à ce que par les loix du mouvement, je ne puisse plus faire précisément la moitié du chemin que j'avois fait la veille, qu'arrivera-t-il ? que n'étant plus en moi de faire un mouvement assez petit pour ne faire que la moitié du chemin que j'avois fait la veille, le premier pas que je ferai sera précisément pour arriver

river à l'endroit proposé, ou pour passer outre.

Vous voyez clairement, Madame, que ces beaux raisonnemens inventés pour prouver la divisibilité de la matiere à l'infini, ne sont fondés que sur des suppositions impossibles, vous ne pourrez guéres vous dispenser, je crois, d'admettre les atomes ou premiers principes inaltérables des choses, & de rejetter la matiere subtile, qui étant divisible à l'infini, ne produiroit rien que d'incertain; vous verrez dans une autre lettre ce qu'on peu dire, *contre le plein de Descartes*, en faveur du vuide.

Je suis, &c.

SEPTIE'ME LETTRE.

Sur le vuide & sur le pouvoir qu'on lui suppose de réfléchir la lumiere.

CEUX qui soutiennent l'opinion du vuide, distinguent deux sortes d'étenduës; l'une materielle & impénétrable qui constitue l'essence des corps, & l'autre immatérielle & pénétrable, servant à recevoir ces mêmes corps qui est le vuide ou l'espace, d'où ils concluent que l'essence des corps consiste dans la dureté & la solidité, & que certains corps ont plus ou moins de solidité, selon qu'il y a plus ou moins de vuides interceptés entre les atomes ou parties solides dont ils sont composés.

Les Cartésiens disent, au contraire, que la nature de la matiere ou du corps pris en général ne consiste point en ce qu'il est une chose dure, ou pesante, ou colorée, ou qui touche nos sens de quelqu'autre façon, mais seulement en ce qu'il est une substance étenduë en longueur, largeur & profondeur, d'où l'on doit conclure que partout où il y a de l'étenduë, il y a de la matiere, & que par consequent il ne sçauroit y avoir un espace vuide de corps.

De ces deux propositions si opposées, il semble que la premiere se présente naturellement & sans effort à l'esprit humain; l'autre, au contraire, se présente d'autant moins naturellement, qu'on a besoin, pour la recevoir, de rejetter la notion la plus commune, que nous ayons des corps qui est leur dureté & qu'elle est fondée sur un principe qui n'est prouvé en aucune maniere; sçavoir: que l'essence des corps ne consiste que dans l'étenduë en longueur, largeur & profondeur : car je demanderai à Descartes & à ses partisans, si les corps éxistent ou s'ils n'éxistent pas ; c'est-à-dire, si ce que nous prenons pour des corps n'est en effet que quelques perceptions de notre entendement : s'ils disent, qu'ils éxistent, ces mêmes corps auront nécessairement des parties sensibles, & qui ne le seront qu'à cause de leur solidité qui seule peut faire impression sur nos sens, même sur celui de la vue ; car quelqu'éloigné que soit un corps que j'apperçois, je ne l'apperçois que parce que l'image qui s'en détache, & qui est composée de parties sensibles, vient frapper mes yeux, ou parce que le rayon visuel va trouver & frapper ce même corps & m'en fait ensuite le rapport, ce qui revient au même : s'ils disent qu'il est possible qu'aucun corps n'éxiste peut-être hors de nous, & que toutes les choses que nous appercevons ne sont que des perceptions de notre entendement, leur définition du corps, qu'ils font consister uniquement dans l'étenduë, en longueur, largeur & profondeur, devient absurde ou tout au moins inutile.

En vain Descartes objectera-t-il, que si l'essence des corps, comme le prétend Gassendi, consistoit dans la dureté & dans la solidité, il pourroit se faire qu'ils perdissent leur essence. « Car pour ce
» qui est de la dureté, dit-il ; nous
» n'en connoissons autre chose par
» le moyen de l'attouchement, si
» non que les parties des corps
» durs résistent au mouvement de
» nos mains lorsqu'elles les ren-
» contrent ; mais si toute les fois
» que nous approchons nos mains
» vers quelque part, les corps
» qui sont dans cet endroit se re-
» tiroient aussi vîte comme elles
» en approchent, nous ne senti-
» rions jamais de dureté : & néan-

» moins nous n'avons aucune rai-
» son qui puisse nous faire croire
» qu'elles corps qui se retireroient de
» de cette sorte, perdissent pour
» cela ce qui les fait corps ; d'où
» il s'ensuit que leur nature ne con-
» siste point dans la dureté, mais
» seulement dans l'étenduë, en lon-
» gueur, largeur & profondeur. »
Sied-il bien à un philosophe qui
ne peut connoître la vérité, que
par des expériences, d'en vouloir
rejetter une journaliere, qui est
celle de l'attouchement des corps,
qui nous fait sentir leur dureté ;
& n'est-il pas démontré d'ailleurs,
que nous n'appercevrions aucun
corps même par le sens de la vuë,
& que ces corps n'auroient aucune étenduë s'ils n'étoient composés de parties sensibles & solides.

Une autre objection de Descartes beaucoup plus plausible que
la premiere, est celle-ci : « si vous
» demandez, dit-il, ce qui arri-

» veroit, en cas que Dieu ôtât
» tout le corps qui est dans un
» vase, sans qu'il permit qu'il en
» entrât un autre, nous répon-
» drons que les côtés de ce vase
» se trouveroient si proches, qu'ils
» se toucheroient immediatement;
» car il faut que deux corps
» s'entretouchent lorsqu'il n'y a
» rien entre deux, parce qu'il y
» auroit contradiction que ces
» deux corps fussent éloignés,
» c'est-à-dire, qu'il y eut de la
» distance de l'un à l'autre, & que
,, néanmoins cette distance ne fût
,, rien : car la distance est une
,, proprieté de l'étenduë qui ne
,, sçauroit subsister sans quelque
,, chose d'étendu.

C'est raisonner conséquemment à ce principe qu'il a établi, que tout ce qui est étendu est matiere, & qu'il n'y a point d'étenduë sans matiere ; d'où il résulte qu'il ne peut y avoir de vuide ; mais quand on lui accorderoit que l'étenduë

constitue l'essence de la matiere au préjudice de la dureté, il en seroit en droit de conclure qu'il n'y point de matiere sans étenduë, mais non pas qu'il n'y a point d'étenduë sans matiere. Consultez Loke, à ce sujet, il vous dira que nous acquérons l'idée de l'étenduë ou de l'espace, qui est une idée simple, par la vuë & par l'attouchement; l'idée des corps nous a donné l'idée de l'espace, mais on peut concevoir l'espace sans songer au corps : " Car de même
,, que chaque longueur différente
,, constitue une modification de
,, l'espace, de même aussi les idées
,, de ces longueurs doivent for-
,, mer des idées de différentes
,, modifications de l'espace, tel-
,, les que sont les idées d'un pied,
,, d'une aune, &c. qui représen-
,, tent certaines longueurs dé-
,, terminées, dont les hommes
,, sont convenus pour leur usage.
,, Quand on s'est rendu familiéres

„ ces idées de mesures, on peut les
„ répeter dans l'esprit aussi souvent
„ qu'on le veut, sans faire aucu-
„ ne attention au corps, & par-
„ là on vient à imaginer un pied,
„ une aune, une stade, au-delà
„ des dernieres extremités de
„ tous les corps, & en multipliant
„ ces mesures par de continuel-
„ les additions, sans y trouver de
„ fin, on forme l'idée de l'im-
„ mensité.

Ajoutons à cela que quand par la supposition de Descartes, on pourroit ôter tout le corps qui est dans un vase, il n'arriveroit peut-être pas que les côtés de ce vase se toucheroient immédiatement: car ce même vase pourroit encore se soûtenir par l'enchaînement des atomes ou parties solides qui le composent, & par l'arrangement de ces mêmes parties qui se soûtiendroient les unes les autres, à peu près comme pourroient faire les pierres d'une voûte. D'ailleurs on peut toujours lui répondre que pour avoir pu ôter tout le corps qui étoit dans ce vase, il falloit nécessairement qu'un espace se trouvât tout prêt à le recevoir. En vain les partisans de sa philosophie allégueroient-ils que ce mouvement se fait circulairement & par la facilité que les corps ont de céder les uns aux autres, les plus mols & les plus foibles aux plus durs & aux plus solides : outre qu'il faudroit prouver que ce qui fait qu'ils sont plus ou moins durs les uns que les autres, n'est pas comme le soûtiennent les Gassendistes, parce qu'il y a plus ou moins de vuides interceptés entre leurs parties solides, il faudroit encore ne pas pas former de raisonnemens qui nuisent à leur système, bien loin de le favoriser; c'est ce qui leur arrive cependant lorsqu'ils disent que quoiqu'il n'y ait aucun vuide entre les parties de l'eau, un poisson avance librement, parce qu'à mesure qu'il avance il laisse une place derriere lui qui est aussitôt remplie par l'eau, puisque les parties de l'eau sont d'une même qualité & ne renferment aucun vuide, elles ne peuvent pas ceder les unes aux autres par la raison qu'on vient d'apporter, que les corps les plus mols cédent aux plus durs; le mouvement d'un poisson au fond de la mer se fera donc sentir jusqu'à la surface de cette grande masse d'eau, & même jusqu'aux étoiles fixes, parce que de même que l'eau aura été obligée de céder au poisson l'air cédera à l'eau, & ainsi de suite jusqu'au firmament; quelle force peut-on supposer alors au grand tourbillon qui, selon Descartes, entoure la terre & l'emporte avec lui d'occident en orient, s'il est prouvé qu'un seul poisson qui nage a le pouvoir d'y résister & de communiquer par son mouvement jusqu'aux étoiles les plus éloignées.

S'il est vrai, comme bien des gens le prétendent, que le premier corps qui se meut déplace le second, ce second un troisiéme, ce troisiéme un quatriéme & ainsi successivement, il faudra que le dernier auquel on sera parvenu & qui n'en aura plus à déplacer entre dans quelqu'espace pour ceder à celui qui le pousse : or cet espace où il n'y avoit aucun corps auparavant, peut-il être autre chose que le vuide ? si l'on répond qu'un corps en trouvera toujours un autre qu'il pourra déplacer, on court risque de tomber dans deux inconveniens également condamnables, d'admettre deux infinis, Dieu & la matiere, ou de penser avec Spinosa qu'il n'y a qu'une seule & même substance qui est materielle; & ce qu'il y a de fâcheux c'est que cette réponse ne résout la question en aucune maniere, car le premier corps ne pourroit déplacer le second, le second le troisiéme, & ainsi de suite jusqu'à l'infini, si tout étoit occupé, il n'y auroit aucun mouvement sans le vuide, comme on l'a déjà dit & comme on le démontrera encore par plus d'une raison ; tous les corps seroient adhérents les uns aux autres, toute la matiere ne formeroit qu'une seule masse indivisible.

Quelques efforts que fasse Descartes pour rejetter le vuide, il ne peut s'empêcher de l'adopter quelquefois quoiqu'il n'en convienne pas, c'est ce qu'il fait à l'article 15 de la seconde partie des principes de sa philosophie, lorsqu'il dit, « il est à remarquer ,, que par la superficie on ne doit ,, entendre aucune partie du ,, corps qui environne, mais seu- ,, lement l'extrémité qui est en- ,, tre le corps qui environne & ,, celui qui est environné, qui ,, n'est rien qu'une mode & une ,, façon ; ,, mais ce qu'il lui plaît d'appeller mode ou façon, n'est autre chose qu'un espace vuide qui sépare le corps qui environne d'avec celui qui est environné, sans quoi ils ne feroient tous deux qu'un même corps; si ces deux corps se touchoient immédiatement, comme il le suppose, le corps qui est environné ne pourroit se remuer circulairement sans entraîner l'autre, & sans lui communiquer le mouvement dans le même sens qu'il se meut lui-même : or il arrive souvent que le corps qui est environné, bien loin d'agir sur celui qui l'environne, tourne pendant que celui qui l'environne est immobile, ou qu'ils ont tous deux en même-temps deux mouvemens opposés.

Enfin, lorsque les partisans du plein éxigent qu'on leur explique ce que c'est qu'un être qui n'a point de parties & qui a cependant de l'étenduë en longueur, largeur & profondeur; on est en droit de leur répondre qu'il suffit de prouver la nécessité du vuide pour être obligé de l'admettre, & quand ils disent que la nature ne fait rien d'inutile, que le vuide est inutile, donc qu'il n'éxiste pas ; on peut leur retorquer ainsi l'argument : la nature ne fait rien d'inutile, toute la matiere ne formeroit qu'une seule masse indivisible & tous les corps seroient adhérents les uns aux autres s'il n'y avoit entr'eux un pur espace qui les sépare & qui les termine, sans le vuide, on ne sçauroit concevoir qu'il pût y avoir de mouvement, donc qu'il éxiste.

Mr. de Voltaire dans ses éléments de la philosophie de Neuton, le Marquis d'Argens, dans la philosophie du bon sens, & plusieurs autres, se sont servis pour refuter le plein de Descartes, d'un argument que je crois sans réplique.

,, Ce philosophe suppose, (dit

,, Mr. de Voltaire,) que Dieu
,, créa l'univers plein & confif-
,, tant en petits cubes, entre
,, lesquels il n'admettoit aucun
,, intervalle, il eſt évident qu'il
,, falloit qu'un d'eux fortît de la
,, place qu'il occupoit, car fi
,, chacun d'eux fût reſté à fa pla-
,, ce, il n'y auroit point eu de
,, mouvement, puifque le mou-
,, vement confiſte à fortir de fa
,, place & à paſſer d'un point de
,, l'eſpace dans un autre point de
,, l'eſpace : or, qui ne voit que
,, l'un de ces cubes ne pouvoit
,, quitter fa place fans la laiſſer
,, vuide à l'inſtant qu'il en fortoit,
,, car il eſt clair que ce cube,
,, en tournant fur lui-même, de-
,, voit préfenter fon angle au
,, cube qui le touchoit, avant
,, que l'angle fût briſé, donc alors
,, il y avoit de l'eſpace entre ces
,, deux cubes; donc, dans le ſyſ-
,, tême de Defcartes même il

,, ne

„ ne peut y avoir de mouvement
„ fans vuide. „

Le Marquis d'Argens rapporte à peu près les mêmes raisons : " on ne sçauroit dire, ajoûte-t-il,
„ que les corps cédoient les uns
„ aux autres, puisqu'il n'y en
„ avoit aucun de fluide & de mol,
„ & qu'ils étoient tous de la mê-
„ me qualité ; d'ailleurs tous les
„ corps étant également solides,
„ d'égale grosseur & agités d'un
„ égal mouvement, les coins de
„ ces cubes ou quarrés, qui ne
„ recevoient pas plus d'impres-
„ sion d'un côté que de l'autre,
„ étoient également soûtenus de
„ tous côtés, & par consequent
„ ne pouvoient s'écorner, ni se
„ réduire en poudre. „

Si l'esprit systêmatique a égaré Descartes, tout grand génie qu'il étoit, si ce philosophe a eu tort de soûtenir que tout étoit plein, d'aussi grands génies que lui pour le moins, se sont trompés aussi,

O

en soûtenant l'opinion contraire, non pas en ce qu'ils ont admis le vuide, puisqu'on vient d'en faire voir l'absoluë nécessité, mais en ce qu'ils lui ont accordé des qualités qu'il ne peut avoir; c'est ce qui est arrivé au grand Neuton & à Mr. de Voltaire, à en juger, parce que ce dernier dit dans ses éléments de la philosophie de Neuton, chapitre 2, page 33.

,, Tous les hommes, dit Mr.
,, de Voltaire, tous les philoso-
,, phes, & les Descartes & les
,, Mallebranche, & ceux qui se
,, sont le plus éloignés des pensées
,, vulgaires, ont cru qu'en effet
,, ce sont les surfaces solides des
,, corps qui nous renvoyent les
,, rayons : plus une surface est
,, unie & solide, plus elle fait,
,, dit-on, rejaillir de lumiere :
,, plus un corps a de pores larges
,, & droits, plus il transmet de
,, rayons à travers sa substance.
,, Ainsi le miroir poli dont le fonds

„ est couvert d'une surface de vif argent, nous renvoye tous les rayons; ainsi ce même miroir sans vif argent ayant des pores droits & larges & en grand nombre, laisse passer une grande partie des rayons. Plus un corps a de pores larges & droits, plus il est diaphane : tel est, disoit-on, le diamant, telle est l'eau elle-même, &c. Voici en quoi consistoit cette erreur des philosophes.

" Il n'y a aucun corps dont nous puissions unir véritablement la surface : cependant beaucoup de surfaces nous paroissent unies & d'un poli parfait. Pourquoi voyons-nous poli & égal ce qui ne l'est pas ? La superficie la plus égale, n'est par rapport aux petits corps qui composent la lumiere, qu'un amas de montagnes, de cavités & d'intervales, de même que la pointe de l'éguille

,, la plus fine est hérissée en ef-
,, fet d'éminences & d'aspérités
,, que le microscope decouvre;
,, tous les faisceaux des rayons
,, de lumiere qui tomberoient sur
,, ces inégalités, se réfléchiroient
,, selon qu'ils y seroient tombés,
,, donc étant inégalement tombés
,, ils ne se réfléchiroient jamais
,, régulierement, donc on ne
,, pourroit jamais se voir dans
,, une glace.

,, La lumiere qui nous apporte
,, notre image de dessus un mi-
,, roir, ne vient donc point cer-
,, tainement des parties solides
,, de la superficie de ce miroir;
,, elle ne vient point non plus des
,, parties solides de mercure &
,, d'étain étendues derriere cette
,, glace. Ces parties ne sont pas
,, plus planes, pas plus unies,
,, que la glace même: les parties
,, solides de l'étain & du mercure
,, sont incomparablement plus
,, grandes, plus larges, que les

„ parties solides constituantes de la lumiere ; donc si les petites particules de lumiere tombent sur ces grosses parties de mercure, elles s'éparpilleront de tous côtés, comme des grains de plomb tombants sur des platras. Quel pouvoir inconnu fait donc rejaillir vers nous la lumiere régulierement ? Il paroît déjà que ce ne sont pas les corps qui nous la renvoyent, ainsi la lumiere rejaillit si peu dessus les parties solides des corps, que c'est en effet du vuide qu'elle rejaillit. „

Mr. de Voltaire rapporte ensuite quelques expériences pour appuyer son systême, celle d'un cube de cristal exposé à la lumiere du soleil, prétendant ; premierement qu'une partie des rayons rebondit de sa premiere surface, sans toucher même à cette surface. Secondement, qu'une partie des rayons est reçuë dans la substance de ce corps & s'y jouë. Troisiémement, qu'une troisiéme partie parvient à l'intérieur de sa surface ultérieure, & que d'auprès de cette surface elle retourne à la surface antérieure, & que quelques rayons en reviennent à nos yeux. Quatriémement, qu'une quatriéme partie passe dans l'air. Cinquiémement, qu'une cinquiéme partie qui est la plus considérable, revient d'au-delà de la surface ultérieure dans le cristal, y repasse, & vient se réfléchir à nos yeux.

,, N'éxaminons, dit Mr. de
,, Voltaire, que ces derniers
,, rayons, qui, s'échappant de la
,, surface ultérieure de ce cristal
,, & ayant trouvé l'air, réjaillis
,, sent de dessus cet air vers nous
,, en rentrant à travers le cristal.
,, Certainement ils n'ont pas ren
,, contré dans cet air des parties
,, solides sur lesquelles ils ayent
,, rebondi : car si au lieu d'air ils

„ rencontrent de l'eau à cette sur-
„ face, peu reviennent alors, ils
„ entrent dans cette eau, ils la
„ pénétrent en grand nombre.
„ Or l'eau est environ huit-cens
„ fois plus pésante, plus solide,
„ moins rare que l'air. Cepen-
„ dant ces rayons ne réjaillissent
„ point de dessus cette eau, &
„ réjaillissent de dessus cet air
„ dans le verre ; donc ce n'est
„ point des parties solides des
„ corps que la lumiere réjaillit."
Une autre expérience, qu'il regarde comme décisive, est celle d'un prime exposé aux rayons du soleil dans une chambre obscure, de façon que les traits de lumiere parvenus à une de ses superficies la plus proche de l'endroit d'où partent les rayons, fassent un angle de plus de quarante degrés avec la perpendicule, il prétend que la plûpart de ces rayons alors ne pénétrera plus dans l'air, mais qu'ils rentreront presque tous dans

le cristal à l'instant même qu'ils en seront sortis. "Vous venez de voir, „ dit-il, que la lumiere tombant „ à un angle de 40 degré 19 mi-„ nutes sur du cristal, réjaillit „ presque toute entiere de dessus „ l'air qu'elle rencontre à la sur-„ face ultérieure de ce cristal. „ Que la lumiere y tombe à un „ angle moindre d'une seule mi-„ nute, il en passe encore moins „ hors de cette surface dans l'air. „ Qu'on ôte l'air, il ne passera „ plus de rayons du tout. C'est „ une chose démontrée. Or quand „ il y a de l'eau à cette surface, „ beaucoup de rayons entrent „ dans cette eau au lieu de réjail-„ lir. Quand il n'y a que de l'air, „ bien moins de rayons entrent „ dans cet air. Quand il n'y a „ plus d'air, aucun rayon ne pas-„ se; donc c'est du vuide en effet „ que la lumiere réjaillit.

Ce n'est donc point, selon Mr. de Voltaire, de la surface solide
d'un

d'un miroir, ou des parties solides du vif-argent qui est derriere que rejaillit la lumiere, mais du sein des pores du miroir & des pores du vif-argent même; d'où il conclud que plus un corps a des pores larges plus il est opaque, & qu'il est d'autant plus transparent que ses pores sont plus petits.
,, Un papier sec, dit-il, dont les
,, pores sont très larges, est opa-
,, que, nul rayon de lumiere ne
,, ne le traverse : étrecissez ses
,, pores en l'imbibant ou d'eau,
,, ou d'huile, il devient transpa-
,, rent; la même chose arrive au
,, linge, au sel, &c.
Je ne sçais, si en avançant une telle proposition Mr. de Voltaire a prévu toutes les objections qu'on pouvoit lui faire. En voici une toute naturelle : Si vous supposez, lui dira-t-on, que le vuide n'a d'autre proprieté que celle de réfléchir la lumiere, les corps n'étans composés, selon vous, que

P

d'atomes ou parties solides & de pores ou petits vuides, il faudra nécessairement que les rayons qui traversent une glace, ne pouvant passer par les pores de cette glace, pénétrent à travers les atomes ou parties solides qui la composent. Or c'est ce qui ne sçauroit être dans votre systême, puisque les atomes sont indivisibles, indissolubles, & par conséquent impénétrables. Si vous dites que les pores laissent passer quelques rayons & en renvoyent quelques autres, c'est souffler le chaud & le froid; cela ne pourroit arriver que parce qu'une partie des rayons seroit de nature à être réfléchie & l'autre partie, de nature à passer au travers des des pores, le vuide n'est plus alors qu'un être passif & pénétrable, le seul principe de réflexion des rayons de la lumiere est dans les rayons mêmes; il est donc inutile d'en faire honneur au vuide.

Tant de gens ont écrit sur la lumiere & sur la proprieté qu'elle a d'être réfléchie : la question est d'ailleurs si interessante que vous ne serez peut-être pas fâchée, Madame, de connoître l'opinion contraire à celle de Newton, c'est-à-dire celle des Cartésiens, vous serez moyennant cela à portée de décider la question par vous-même, ou d'imaginer que ni les uns, ni les autres, n'ont peut-être denoué ce nœud gordien.

Les Cartésiens conviennent avec les Newtoniens, que la lumiere ne sçauroit être réfléchie par les parties solides de la matiere. Voici leurs raisons.

Le ressort, disent-ils, est la seule & véritable cause de la réfléxion, & il est demontré que deux corps parfaitement durs, par consequent sans ressort, égaux en masse, se rencontrant centralement avec des vîtesses égales & des determinations diamétralement oppofées, ne pourront fe réfléchir après le choc, & refteront fans mouvement à l'inftant où ils viendront à fe rencontrer : premierement, parce qu'ils ne fçauroient continuer leur mouvement en avant, puifque l'égalité de leur force fait qu'ils font l'un à l'autre un obftacle infurmontable. Secondement, parce qu'ils ne fçauroient retourner en arriere, puifqu'ils n'ont ni l'un ni l'autre aucun principe de réfléxion.

Ce raifonnement tout folide qu'il eft, ne prouve point, felon moi, que la lumiere ne fçauroit être réfléchie par les parties folides d'une glace : car les rayons, qui rebondiffent à nos yeux des parties folides de fa furface, ne font point égaux en maffe, ni en vîteffe avec les parties folides de cette glace. Il me femble d'ailleurs, que ce n'étoit point aux Cartéfiens à employer un pareil argument, puifqu'il eft tout fondé fur une supposition entierement opposée à leur systême, sur la matiere subtile & la divisibilité de la matiere à l'infini : en effet, reconnoître qu'il peut y avoir des corps parfaitement durs & par conséquent sans ressort, n'est-ce pas avouer qu'il peut y avoir des atomes ou parties de matiere indissolubles à cause de leur parfaite dureté ?

Aussi ont-ils recours à un certain atmosphére qui entoure les corps : ils supposent qu'il y a une infinité de parties de lumiere qui se trouvent engagées entre les parties propres des corps, & que ce sont ces mêmes parties de lumiere qui ont la proprieté de réfléchir la lumiere ; mais ce n'est qu'une supposition qui n'est fondée que sur une hypothése qui répugne au bon sens, & qui est démentie par les expériences.

Mr. de Voltaire a raison de leur répondre, que si la lumiere n'étoit qu'une matiere globuleuse répanduë par tout, que le soleil pousse & qui presse nos yeux à peu près comme un bâton poussé par un bout presse à l'instant à l'autre bout, nous verrions clair la nuit comme le jour, puisque le soleil sous l'hémisphére pousseroit toujours les globules en tout sens, & que l'impression en viendroit également à nos yeux. Il remarque encore fort judicieusement, que les rayons qu'on détourne par un prisme & qu'on force de prendre un nouveau chemin, démontrent que la lumiere se meut effectivement, & n'est pas un amas de globules simplement pressé. Si la lumiere étoit un amas de globules éxistants dans l'air & en tous lieux, un petit trou qu'on pratique dans une chambre obscure, devroit l'illuminer toute entiere : car la lumiere poussée alors en tout sens par ce petit trou, agiroit en tout sens, &c.

En vain les Cartésiens objecteront-ils, que lorsqu'on frappe deux caillous l'un contre l'autre, cette action pousse & fait paroître les parties de lumiere répanduës dans l'air qui les environne, la lumiere qui paroît alors n'étoit point répanduë dans l'air. On voit sortir les étincelles de feu du sein même des caillous, cette lumiere qui nous éblouit n'est autre chose que des parties de feu, de cet élément répandu par tout qui se trouve renfermé dans ces caillous, & qu'on force d'en sortir & de s'enflammer.

Quel parti prendre, me direz-vous, au milieu de tant de difficultés ? celui de la prudence & de suspendre son jugement, répondrai-je : s'il ne falloit que hazarder son sentiment, je pourrois dire, que quoiqu'il n'y ait pas de surfaces parfaitement unies, ce sont cependant celles qui le sont d'avantage qui réfléchissent la lumiere le plus régulierement.

Quoique la superficie la plus égale, ne soit par rapport aux petits corps qui composent la lumiere qu'un amas de monticules, de cavités & d'intervalles : la différence n'est cependant pas aussi grande qu'on le prétend ; les rayons tombants sans discontinuer & en abondance sur la surface d'une glace, comblent dans l'instant les cavités & les intervalles qui la rendent inégale, de façon que cette surface devient extrêmement unie & propre a réfléchir la lumiere régulierement.

Si les rayons qui passent au travers d'un cube de cristal pénétrent plus aisément dans l'eau que dans l'air : on peut dire, en suivant le système de Newton, que c'est parce que l'eau les attire davantage, sans être obligé de démontrer pourquoi elle les attire davantage, puisque l'attraction (à ce qu'on prétend) est une force dont la nécessité nous est démontrée, quoique nous ne connoissions point quelle est sa nature, ni peut-être comment elle agit.

On peut expliquer pareillement, pourquoi des rayons du soleil entrants dans un prisme de cristal à un angle de 40 degrés 19 minutes, ne pénétrent presque point dans l'air ; mais rentrent presque tous dans ce prisme au moment qu'ils en sortent : cette obliquité ne fait pas plus en faveur du vuide qu'en faveur des parties solides de la matiere, c'est peut-être parce qu'ils sont attirés bien plus fortement par le cristal que par l'air, & ce qui prouve que le vuide n'a aucune vertu, c'est que, si vous pouvez pomper tout l'air qui est sous ce prisme, tous les rayons rentreront alors dans le cristal, parce qu'il n'y aura plus d'air ni aucune autre chose qui ait le pouvoir de les attirer. Ne pourroit-on pas dire aussi que ces rayons entrant dans ce prisme, s'y brisent & prennent une certaine courbure qui les oblige d'y rentrer par un autre endroit à l'instant qu'ils en sont sortis; j'avoue que ces différentes opinions ne sont que probables, mais on doit les préférer à celles qui sont encore plus hazardées ou démontrées fausses.

Un papier sec est plus opaque qu'un papier imbibé d'huile, parce que l'huile colle les unes contre les autres les parties du papier, & qu'elle élargit par conséquent ses pores qu'elle remplit ensuite de sa propre substance, qui étant transparente, laisse passer plus facilement la lumiere. La même chose arrive au linge, au sel, &c.

Enfin, lorsqu'on dit que le vuide n'est qu'un être passif & pénétrable, ce n'est point se tirer d'affaire en philosophe que de répondre que le vuide n'est autre chose que l'immensité de Dieu: quelle preuve en a-t-on ? d'ailleurs quand on le supposeroit & qu'on attribueroit au vuide, exclusivement à toute autre cause, le pouvoir de réfléchir la lumiere : cette supposition, bien loin d'être une suite nécessaire du systême de Newton, le renverseroit au contraire de fond en comble, puisque (comme le remarque Mr. Bannieres) si le vuide avoit seul la proprieté de réfléchir les rayons du soleil, la lumiere ne nous viendroit pas du soleil en 7 minutes, comme le prétend Mr. de Voltaire, il n'en parviendroit même aucuns rayons jusqu'à nous, puisqu'ils seroient tous répercutés par le vuide immense qui est entre nous & le soleil.

A peine finissois-je d'écrire ce que vous venez de voir, qu'un laquais est entré dans ma chambre, pour m'avertir de me tenir prêt à partir demain pour Paris ;

c'est la mort d'une petite parente que ma tente y avoit qui occasionne un retour si prompt : elle en paroît fort affligée ; pour moi j'admire, comment le malheur des uns procure quelquefois le bonheur des autres, car vous n'auriez pas manqué de me faire encore bien des questions, auxquelles j'aurois bien eu de la peine à répondre, & je me vois délivré tout d'un coup de cet embarras, & au moment de jouir du plaisir le plus grand que je puisse avoir, qui est celui de vous entretenir. Je sens bien, que nouveau tantale, j'éprouverai auprès de vous cent supplices divers, la douceur de votre conversation m'en dédommagera quelquefois : doit-on donc compter pour rien le plaisir de voir & de parler à ce qu'on aime ? Le mot fatal m'est échappé... il ne vous apprend cependant rien de nouveau. Ah ! Madame ! Je suis, &c.

FIN.

www.ingramcontent.com/pod-product-compliance
Lightning Source LLC
Chambersburg PA
CBHW071949110426
42744CB00030B/658